Devenir une famille verte

Catalogage avant publication de Bibliothèque et Archives nationales du Québec et Bibliothèque et Archives Canada

Moreau, Vivianne, 1974-

Devenir une famille verte   trucs faciles pour une vie saine, écologique et respectueuse de l'environnement

Comprend un index.

ISBN 978-2-89585-001-4

1. Environnement – Protection – Participation des citoyens.
2. Écologie domestique. I. Titre.

TD171.7.M67 2008   363.7'0525   C2007-942499-6

Les Éditeurs réunis bénéficient du soutien financier de la SODEC et du Programme de crédits d'impôt du gouvernement du Québec.

Nous remercions le Conseil des Arts du Canada de l'aide accordée à notre programme de publication.

Crédits photos : ©istockphotos : Karen Keczmerski ; Danil Vachegin ; Adam Korzekwa ; Sean Locke ; Dave White ; René Mansi ; Leigh Schindler ; Nikolay Suslov ; Teresita Cortés ; Milos Luzanin ; Terry Healy ; Mojca Kobal ; Artem Efimov ; Robert Dant ; Carmen Martínez Banús ; Thomas Polen ; Lisa F. Young ; Elena Elisseeva ; Ben Blankenburg ; Doug Cannell ; Jack Puccio ; Marc Harrold ; Emre Ogan ; Ashok Rodrigues ; Gary Cookson ; Mark Lijesen ; Olivier Blondeau ; Glenn Frank ; Guillermo Perales Gonzalez ; Fred Goldstein ; Verena Matthew ; Donald Erickson ; Samantha Grandy ; Floyd Anderson ; Nancy Louie ; Michael Flippo ; Melissa Carroll ; Pavel Losevsky ; David Freund ; Deborah Albers ; Muharrem Öner ; Christine Balderas ; Marc Dietrich ; Olga Lyubkina ; Roberto Gennaro ; Juan Monino ; Ryan Howe ; Slobo Mitic ; Sharon Dominick ; Tanya C. ; Edyta Pawtowska.

Édition :
LES ÉDITEURS RÉUNIS
91, rue Principale
Sainte-Angèle-de-Monnoir (Québec)
J0L 1P0
Téléphone : 450.460.4438
www.lesediteursreunis.com

Distribution :
PROLOGUE
1650, boul. Lionel-Bertrand
Boisbriand (Québec)
J7H 1N7
Téléphone : 450.434.0306
www.prologue.ca

Imprimé au Québec sur du Enviro 100, fini antique

Dépôt légal : 2008
Bibliothèque et Archives nationales du Québec
Bibliothèque nationale du Canada

Vivianne Moreau

Devenir une famille VERTE

Trucs faciles pour une vie saine, écologique
et respectueuse de l'environnement

LER

LES ÉDITEURS RÉUNIS

Table des matières

Il y a quelques années, probablement au moment de l'arrivée de notre premier enfant, j'ai commencé à me soucier davantage de l'environnement et de l'impact de notre famille sur celui-ci. Peu à peu, au fil de mes lectures, de mes recherches et de discussions avec ma famille et des amis, je me suis transformée en maman « verte » sans même y mettre d'effort. Il a fallu bien sûr repenser chaque petit geste posé, le questionner et le transformer. Mais, dans les faits, la plupart des changements effectués n'ont demandé que peu d'adaptation de notre part, et plusieurs se sont même soldés par des avantages économiques appréciables.

Mon conjoint, qui m'a toujours soutenue dans mes démarches, m'incitait toujours à poser un geste qui aurait une plus grande portée.

Au début, j'étais sceptique. Moi, donner des conseils aux autres? Je n'avais pas l'autorité de David Suzuki ou de Laure Waridel. Puis, un jour, l'idée d'un guide pour les parents, écrit par un parent, m'est venue spontanément. Bien que de nombreux parents se soucient résolument de l'environnement, peu considèrent avoir les ressources, l'énergie ou le temps nécessaires à consacrer à des démarches sérieuses afin d'assainir leur mode de vie. Il faut dire que la plupart des nouveaux parents se voient entraînés bien malgré eux dans un monde de consommation effréné où le souci écologique ne fait pas le poids face à la facilité et la commodité.

C'est en tenant compte de cette réalité propre aux parents, propre à la mienne donc, que j'ai entrepris de rédiger ce guide, une sorte de mode d'emploi qui renferme des conseils et des trucs faciles, adaptés à notre quotidien. Avec le travail et les enfants, on n'a pas nécessairement le temps ni l'argent nécessaires pour des projets écolos, mais en réfléchissant et en modifiant graduellement nos comportements quotidiens, il est possible de faire notre part pour la planète. Comme les trucs de ce livre s'adressent principalement aux familles, il y a donc certains sujets que je n'ai pas explorés à fond (comme la rénovation écolo, les efforts verts que l'on peut faire au bureau, etc.). Il ne pourrait exister de guide qui soit complet sur des pratiques écologiques exemplaires, puisque les comportements à adopter peuvent varier grandement d'une situation familiale à l'autre, selon les activités de chaque famille et selon les réalités économiques, géographiques et sociales de chacun. Qu'on se rassure : ce guide renferme tout de même suffisamment de matériel pour donner le coup d'envoi à toute famille qui serait prête à prendre la route verte.

J'ai aussi écrit ce guide en pensant aux parents qui, comme moi, n'ont plus beaucoup de temps à consacrer à la lecture. On peut ainsi ramasser le livre, lire un conseil ou deux, puis le refermer juste à temps pour attraper fiston qui vient enfin de découvrir – les mains pleines de yogourt comme preuve à l'appui – comment ouvrir la porte du frigo. Vous y trouverez également des encadrés alléchants destinés à vous renseigner davantage sur certaines questions clés (comme le gaspillage de l'eau, l'utilisation de sacs, les piles, le recyclage, etc.).

Quelques-unes des idées contenues dans ce guide sembleront peut-être surprenantes... et parfois franchement bizarres. Peut-être trouverez-vous parfois que j'y vais un peu fort... De même, vous trouverez parfois que certains conseils sont trop simplistes, de véritables lapalissades pour vous, grand écolo! J'espère seulement que les explications qui accompagnent ces idées vous donneront matière à réfléchir et vous inciteront à trouver vos propres solutions si celles qui sont proposées vous semblent irréalisables. Afin de faciliter vos recherches, j'ai regroupé à la fin les adresses Web de certaines entreprises ou organisations dont il est mention dans le livre – il ne s'agit pas d'un répertoire exhaustif, mais il vous donnera de bonnes pistes. Vous trouverez également à la fin du livre un index thématique qui vous permettra de vous repérer facilement lorsque vous cherchez une information ponctuelle.

Il ne faudrait pas croire que, pour être une famille verte, vous devez appliquer à la lettre tous les conseils énumérés dans ce guide. La plupart des solutions proposées ont été mises à l'épreuve par notre famille, mais pas toutes. La démarche d'écriture m'a permis d'en essayer de nouvelles, et il y en a d'autres qui ont suscité notre intérêt mais que nous n'avons pas le temps (ou l'envie) d'implanter tout de suite. Ainsi, je vous propose d'utiliser ce guide comme une source d'inspiration plutôt que comme un modèle à appliquer rigoureusement. Cochez les gestes que vous accomplissez déjà (cela vous encouragera) ou encerclez les stratégies que vous aimeriez essayer. Vous verrez, vous aussi pourrez devenir écolo sans y mettre *trop* d'effort !

POURQUOI
DEVENIR UNE FAMILLE VERTE ?

Une question de valeurs

Pendant des années, mon frère et moi nous sommes moqués de la laveuse et de la sécheuse dépareillées de mes parents : l'une était blanche et l'autre était vert avocat. Je constate aujourd'hui que ces deux appareils, placés bien en évidence dans la salle de lavage, constituaient un témoignage des valeurs de mes parents. Lorsqu'ils avaient remplacé la laveuse qui ne fonctionnait plus, ils avaient probablement été tentés de changer également la sécheuse, encore fonctionnelle. Après tout, une sécheuse, ce n'est pas si dispendieux. Mais il faut croire que c'était contre leurs principes de remplacer un objet simplement par souci esthétique.

Aujourd'hui, la pression exercée sur les consommateurs est plus forte que jamais. Il y a fort à parier que si je débarquais dans un grand magasin avec le but de remplacer simplement ma laveuse, on essaierait de me vendre les deux appareils nécessaires à la lessive. Il serait d'ailleurs difficile de faire la sourde oreille aux offres alléchantes : le commerçant absorbe les taxes si on achète les deux, le prix des deux appareils achetés ensemble revient moins cher que si on les achète individuellement, et que dire de la nouvelle gamme de couleurs ?

Certaines publicités nous poussent carrément à consommer toujours plus, au détriment du gros bon sens et de l'environnement. Comme cette publicité, affichée à l'entrée d'un restaurant réputé de beignes et de café, où l'on pouvait lire (je paraphrase à peine) : « Allez-y. Dégustez notre café. Les poubelles raffolent de nos verres. » Ou cette autre, vue à la télévision, d'une compagnie d'appareils électroménagers censés être plus respectueux pour l'environnement, mais qui disait : « La seule chose qui vous empêche de profiter de ce *nouvel* appareil est votre *vieil* appareil. » Et on voit alors à l'écran un bulldozer qui aplatit nos « cochonneries », des appareils probablement encore fonctionnels mais qui n'ont plus notre faveur. Bien sûr, on ne parle dans aucune de ces publicités des sites d'enfouissements qui débordent en raison de notre vilaine habitude de tout mettre au rebut sans trop y réfléchir.

Nous sommes constamment sollicités pour faire l'acquisition de nouveaux produits. Vêtements, jouets, électroménagers, meubles, aliments, tous ces achats que nous faisons quotidiennement ont un impact sur l'environnement. Chaque décision que nous prenons et chaque geste que nous posons a des retombées significatives. Pour nous, parents, cela est d'autant plus vrai que nous servons de modèle à nos enfants. La façon dont nous consommons est en effet un moyen efficace de communiquer nos valeurs à nos enfants. Par exemple, en réduisant le débit d'eau du robinet pendant qu'il se lave les mains, on lui enseigne que l'eau est une ressource précieuse que l'on doit conserver. En l'emmenant avec nous à la ferme pour « cueillir » notre panier bio, on lui permet de rencontrer les fermiers qui cultivent les aliments qu'il consomme. Donc, en adoptant des comportements écolos et en montrant à nos enfants les gestes que nous pouvons poser concrètement pour prendre soin de notre environnement, nous arrivons à les responsabiliser et à leur transmettre des valeurs qui les aideront à réduire leur propre impact sur la planète.

Enseignez à vos enfants que l'eau est une ressource précieuse.

Une question de santé

Au-delà des valeurs que l'on souhaite transmettre à nos enfants, il y a quelque chose d'encore plus important, de vital : leur santé. Certains choix que nous effectuons au quotidien ont des effets néfastes sur l'environnement – et par ricochet sur la santé de nos enfants.

Un mode de vie plus respectueux de l'environnement favorise nécessairement la santé des enfants. Moins ils sont en contact avec la pollution, le

Il suffit de transformer sa façon de consommer.

smog, les pesticides, certains produits ménagers ou aérosols qui contiennent des COV (composés organiques volatils), mieux ils se portent. En effet, la consommation de produits dérivés du pétrole et d'autres denrées indispensables comme des couches ou des vêtements n'est pas sans causer son lot de problématiques qui ont une incidence sur la santé de nos enfants, en plus d'avoir des impacts néfastes sur l'environnement. Le plastique en constitue un bon exemple. Ce matériau devenu universel – un dérivé du pétrole qui, au terme de sa vie utile, ne se décompose à peu près pas lorsque enfoui – peut présenter différents risques à la santé des tout-petits. Quoique de nombreuses études aient démontré la toxicité de certains produits présents dans le plastique (comme les phtalates ou autres additifs), les enfants continuent d'être entourés de ces objets. Il semble même impossible aujourd'hui de s'imaginer un univers d'enfant sans plastique : pas de biberons, de verres ou de vaisselle en plastique, pas de jouets pour le bain en plastique, pas de petits bonhommes ou d'autos en plastique. Comment feront-ils pour manger, pour jouer ? Pourtant, il existe bel et bien des solutions de rechange. Il suffit simplement de transformer notre façon de consommer.

COMMENT
DEVENIR UNE FAMILLE VERTE ?

Les médias nous bombardent quotidiennement d'analyses très déprimantes sur les enjeux environnementaux. Toutes les recherches et les analyses critiquent sévèrement notre mode de vie nord-américain. On blâme nos comportements gaspilleurs – d'ailleurs, on ne parle plus d'une société de consommation mais bien plus de d'une société de *surconsommation*. « Même s'ils ne forment qu'un faible pourcentage de la population de la planète (environ 5 à 6 %), les Nord-Américains consomment près d'un tiers de ses ressources et produisent plus de la moitié de ses déchets ![1] »

Nous sommes donc sensibilisés à la question environnementale et nous déclarons tous haut et fort notre préoccupation pour l'environnement. D'ailleurs, dans les rencontres de famille et entre amis, les discussions sur les mérites des voitures hybrides et de la géothermie sont maintenant monnaie courante. Mais, dans les faits, bien peu d'entre nous font beaucoup plus pour l'environnement que de mettre leur bac à recyclage au chemin chaque semaine. On n'a pas appris à développer d'autres réflexes ni à questionner des façons de faire qui semblent ancrées dans la pratique (comme le fait d'acheter un café et de jeter le verre lorsqu'il est vide). On n'a pas de modèle (nos grands-mères n'auraient pourtant pas jeté une vieille paire de souliers ou un appareil brisé superficiellement). On nous bombarde d'informations contradictoires, de sorte qu'on n'arrive plus à démêler les efforts qu'il vaut la peine de déployer des stratégies qui semblent potentiellement vouées à l'échec (comme de mettre de l'éthanol dans sa voiture[2]). On discute de compostage et de recyclage, mais la confusion qui entoure les objets qui sont

recyclables ou pas subsiste. On a un boulot, des enfants, des loisirs, on n'a donc pas de temps ni d'énergie à consacrer à toutes ces questions.

En effet, pour les parents, les embûches à un mode de vie plus simple et plus respectueux de l'environnement peuvent *a priori* sembler quasi insurmontables puisque plusieurs options vertes sont peu adaptées à leur réalité. La majorité des pistes qu'on nous propose pour aider l'environnement concernent d'abord le type de véhicule que nous conduisons et l'utilisation que nous en faisons, ce qui est très frustrant lorsque l'on considère qu'il existe en fait très peu d'options viables à notre portée en tant que parent. Où met-on les enfants dans une Smart ? Existe-t-il des voitures hybrides familiales, à coût raisonnable ? Peut-on faire les courses à vélo avec deux ou trois enfants à la traîne ? Peut-on vraiment aller reconduire un enfant à la garderie et un autre à l'école en autobus ?

Pourtant, une multitude de petits gestes qui ne coûtent rien et qui sont relativement simples peuvent aussi avoir un impact significatif. « La multiplication de toutes nos actions individuelles, aussi modestes soient-elles, donne des résultats impressionnants à l'échelle de la collectivité[3]. » En modifiant nos comportements et en réfléchissant à nos gestes de consommation, il est possible d'être plus écologique. Ces petits gestes demandent un peu plus d'efforts de notre part, notamment parce qu'ils impliquent souvent une certaine planification. Par exemple, si tous les citoyens prenaient l'habitude d'apporter leurs sacs à l'épicerie, cela aurait des retombées beaucoup plus positives sur l'environnement que quelques voitures hybrides sur la route. Pourtant, de nombreuses gens prétextent qu'ils oublient leur sac à la maison, dans la voiture... Mais ils n'oublient jamais leur portefeuille ni leurs clés !

Se poser des questions

Un parent qui se soucie de l'environnement doit apprendre à questionner. Partout, les journaux et les magazines qui proposent des pistes vertes au lecteur avide de conseils mettent à l'avant des solutions qui nous poussent à consommer davantage. Changez vos appareils électroménagers. Achetez une éolienne. Remplacez votre voiture par une autre, moins gourmande. Troquez votre laveuse traditionnelle encore fonctionnelle pour une laveuse à chargement frontal. Or, il faut se demander si le fait de consommer davantage n'a pas lui aussi un impact environnemental important ? En effet, quel impact cela aurait-il sur les dépotoirs si nous mettions tous au chemin notre cuisinière qui n'est pas homologuée EnergyStar ?

Parfois, il n'est pas facile de déterminer quelle est la meilleure solution. Prenons par exemple l'achat d'une denrée usuelle et consommée en grande quantité dans les foyers québécois : le lait. Est-il mieux pour l'environnement d'acheter notre lait en sac de plastique, en boîte de carton ou en contenant de plastique ? Dans ce cas-ci, puisque le produit est le même et que seul l'emballage diffère, nous devons peser l'impact environnemental des matériaux utilisés dans la fabrication de l'emballage : est-il fabriqué à partir de matières recyclées et recyclables ? Sa production demande-

Il faut savoir se poser les bonnes questions lorsque nous consommons.

t-elle beaucoup d'énergie ? Est-il possible de trouver une deuxième fonction pour le conte-nant ? Mais, se poser les bonnes questions est une chose… encore faut-il pouvoir trouver facilement les réponses.

Une chose est certaine, moins nous consommons, mieux s'en portera l'environnement. Les conseils que vous trouverez au fil des pages se basent ainsi sur l'une ou l'autre des stratégies suivantes :

— consommer moins ;

— réduire la quantité de matière jetée aux ordures ;

— réparer, réutiliser et récupérer ;

— économiser (l'eau, l'électricité, les matières premières) ;

— éviter certains produits nocifs pour l'environ-nement et la santé ;

— acheter localement.

Être un parent écolo, c'est avant tout trouver des façons de consommer mieux et moins. Pour cela, il faudra faire des concessions et questionner l'achat de produits qui paraissent pratiques mais qui ont un coût environnemental gigantesque (comme tous les produits à usage unique). Cela étant dit, il n'est pas question ici de se priver, mais plutôt de trouver des solutions de rechange durables qui, somme toute, s'intégreront rapide-ment à notre routine.

Des incitatifs économiques

La plupart des options *écologiques* proposées dans ce guide sont également *économiques*. Bien qu'il ne soit pas toujours évident de calculer les économies réalisées, il nous apparaît clair que moins consommer, c'est moins dépenser. Donc, en additionnant tous les gestes environnementaux que l'on pose, de belles économies sont à prévoir.

Moins consommer,
c'est moins dépenser.

D'autres gestes n'auront malheureusement aucun impact sur notre portefeuille (nous ne sommes pas réellement taxés directement en fonction de la quantité de déchets produits ni en fonction de l'eau utilisée). Il revient donc à nous de faire des efforts de préservation, en nous rappelant que nous payons tous collectivement pour ces services de par nos taxes municipales.

Le prix d'un objet est d'ailleurs un bon (dés)incitatif pour modifier un comportement. Lorsque le gouvernement a choisi de surtaxer les cigarettes dans les années 1990 en raison de leurs effets nocifs sur la santé, les ventes de tabac ont chuté radicalement (mais le marché noir en a fait ses choux gras). Dans cette optique, il serait possible de citer de nombreux produits qui pourraient être taxés à cause de leur effet nocif sur l'environnement. Tous les produits emballés individuellement, tous les produits à usage unique et tous les produits non recyclables ne pourraient-ils pas être frappés d'une taxe environnementale ? Cela voudrait dire que des objets pratiques de tous les jours comme des piles, des tranches de fromage ou des essuie-tout deviendraient suffisamment dispendieux pour que l'on considère d'autres options avant d'y recourir. Si les piles alcalines coûtaient 10 $ et les piles rechargeables seulement 1 $, il y aurait une ruée sur les chargeurs de piles. Mais, pour le moment, les piles continuent de s'accumuler dans les dépotoirs faute d'être récupérées convenablement.

Comme la « taxe verte » n'existe pas (ou pas encore !), il nous faut faire des efforts individuels pour trouver des solutions de rechange et adopter de nouveaux produits qui ont un impact minime sur l'environnement, quitte à débourser quelques sous de plus parfois. Certains produits écologiques coûtent en effet un peu plus cher ; toutefois, comme le marché est basé sur la loi de l'offre et de la demande, si tous les consommateurs décidaient d'adopter des détergents sans phosphates et du papier hygiénique recyclé, les industries rajusteraient rapidement le tir. Comme dit si justement Laure Waridel, « nous "votons" à chaque fois que nous achetons ».

Se trouver des appuis

En principe, presque tout le monde aimerait adhérer aux valeurs environnementales, qui incluent des notions de partage, d'équité et de respect. Mais mettre en pratique ces valeurs n'est pas aussi simple qu'il n'y paraît. Ça prend du cran et un soupçon d'effronterie – comme pour ramasser un meuble qui a été mis au chemin. Il faut braver certains tabous – ça fait moins chic de dire qu'on s'est procuré le joli ensemble de bébé dans une friperie plutôt que dans le magasin à la mode. On doit se débrouiller – l'utilisation de couches en coton semble facile dans la pratique, mais on sent que c'est encore stigmatisé, comme l'allaitement l'était il y a quelques années.

Les gens qui se soucient réellement de l'environnement nagent un peu à contre-courant de l'idéologie de la consommation qui prévaut actuellement dans les pays développés. Il est donc important de s'assurer que nous bénéficions de l'appui nécessaire de notre famille pour effectuer certains changements, sans quoi la pomme jetée au composteur risque aussi de devenir une pomme de discorde. Entreprendre une démarche écologique ne doit pas être un geste solitaire. Il faut souvent discuter pour tenter de trouver des solutions à des problèmes de logistique courants qui surviennent quand on tente de prendre soin de l'environnement. Par exemple, le plat de compostage qui traînait sur le comptoir de notre cuisine attirait des mouches à fruit et sentait mauvais, ce qui avait le don d'exaspérer mon conjoint. On l'a finalement remplacé par un bocal de mayonnaise vide avec un couvercle. Et moi, j'avais la fâcheuse habitude de passer derrière tout le monde et de fermer les robinets pendant qu'ils se lavaient les mains… On est arrivé à un consensus pour un lavage de mains (sans interruption) sous un filet d'eau plutôt qu'un jet puissant. Dans toute chose, il est mieux de montrer l'exemple par ses propres comportements qu'en confrontant sans cesse les gens à leurs gestes gaspilleurs et en posant des jugements.

Se donner le temps

La plupart des parents sont sensibles aux questions environnementales, mais ils ne trouvent pas nécessairement le temps ni l'énergie de transformer leurs habitudes. Entre la course à la garderie ou à l'école, la préparation des repas, le boulot et l'épicerie, on finit par abdiquer. On achète une boîte de mouchoirs non recyclés parce que la pharmacie est plus proche que le magasin écologique ; on balance un pantalon troué à la poubelle parce qu'on n'a pas le temps de le repriser et qu'on préfère investir notre temps à préparer une boîte à lunch santé pour notre tout petit. Parfois, il semble plus important d'être un parent que d'être écolo.

On veut bien être écolo, mais on est parent avant tout.

Ainsi, donnez-vous du temps. Du temps pour mûrir votre réflexion. Du temps pour apprivoiser de nouvelles idées. Du temps pour négocier et habituer ceux qui se montrent peu réceptifs aux changements. Si vous vous astreignez à adopter un nouveau mode de vie trop rapidement, il y a fort à parier que plusieurs des changements effectués ne tiendront pas le coup et seront vite abandonnés. Donnez-vous des objectifs réalistes et n'essayez pas de tout changer en même temps, sans quoi vous risquez tout simplement de ne pas y arriver. Peu à peu, intégrez des nouveaux gestes à votre routine quotidienne. Choisissez un nouveau produit par semaine en fonction de critères environnementaux plutôt que de tenter de changer complètement le portrait de votre panier d'épicerie. Apprenez à éteindre les lumières quand vous quittez une pièce plutôt que de ne pas les allumer du tout et de vous priver du bonheur de l'éclairage. Ne vous rendez pas malheureux à devenir vert, et pensez toujours en fonction des réalités de *votre* famille.

Le simple fait que vous lisiez ce livre montre votre intérêt à adopter des comportements plus écologiques. En se sensibilisant aux différents enjeux, en y réfléchissant et en essayant de voir comment et quand certaines modifications pourraient s'intégrer à notre dynamique familiale, on effectue déjà un pas de géant dans la bonne direction.

Notes

1. François Pelletier. «La consommation», Réseau québécois de la simplicité volontaire, en ligne : [http://www.simplicitevolontaire.org/abc/consommation.htm] (8 septembre 2007).

2. Plusieurs journalistes et chercheurs se sont récemment penchés sur les mérites de l'éthanol et ont tenté de démontrer que la production de l'éthanol est un processus énergivore et polluant qui ne représente pas une solution de rechange intéressante du point de vue de l'environnement. Toutefois, de nombreuses organisations gouvernementales continuent de vanter les mérites de l'éthanol. Qui croire ? Voir : Dany Raymond. 2006. «Débat : Rouler à l'éthanol ? », *Protégez-Vous*, octobre, p. 23 ; Paul Rauber. 2007. «Corn-Fed Cars. Detroit's Phony Ethanol Solution», *Sierra*, janvier-février, p. 42-43 ; CBC News. 2007. «Ethanol-blend auto emissions no greener than gasoline : study », en ligne : [http://www.cbc.ca/canada/manitoba/story/2007/03/30/ethanol-emissions.html] (5 janvier 2008) ; Canadian Renewable Fuels Association. 2007. En ligne : [http://www.greenfuels.org/2007.php] (5 janvier 2008) ; Ministère des Ressources naturelles et de la Faune du Québec. 2007. En ligne : [http://www.mrn.gouv.qc.ca/energie/energie/energiesources-ethanol.jsp] (5 janvier 2008).

3. Agence de l'efficacité énergétique. «Trucs pour économiser de l'énergie », Québec, en ligne : [http://www.aee.gouv.qc.ca/habitation/conseils/trucs/trucs.jsp] (27 juillet 2007).

Première partie

Astuces pour prendre soin de nos enfants de manière écolo

Dans cette section, on trouvera des conseils pour orienter les décisions quotidiennes ayant trait aux soins des bébés ou des enfants. On y traite de tout ce qui concerne de près un bébé ou un enfant, comme les couches, l'allaitement, les jouets, les activités, les fêtes, les garderies, l'école, etc.

L'ALIMENTATION DU BÉBÉ

✦ **Allaitez !**

L'allaitement du bébé constitue le meilleur choix pour la santé du bébé ainsi que pour l'environnement. Grâce à l'allaitement, on :

– produit moins de déchets. Un bébé consomme environ quatre à cinq boîtes de préparation lactée par semaine. Même si on se donne bonne conscience en recyclant toute cette ferraille, il n'en demeure pas moins que la fabrication desdites boîtes (de carton ou de conserve) draine des ressources naturelles et consomme beaucoup d'énergie (non seulement pour la fabrication, mais aussi pour le transport).

– gaspille moins. Les préparations lactées sont accompagnées de modes d'emploi rigoureux qui incitent le parent à jeter les restes 48 heures après l'ouverture. Avec l'allaitement, pas de gaspillage puisque le bébé boit seulement ce dont il a besoin (bon, certaines d'entre nous gaspillent bien un peu en remplissant leurs compresses d'allaitement !).

L'allaitement : bon pour la santé et pour l'environnement.

– utilise moins d'eau et d'énergie. Pour donner des préparations lactées à un nouveau-né, il faut d'abord laver et stériliser les bouteilles, mélanger la préparation lactée avec de l'eau qui a été préalablement bouillie durant cinq minutes en plus de chauffer le biberon dans l'eau chaude. Avec l'allaitement, pas besoin de se stériliser les mamelons à l'eau bouillante… et le lait est toujours à la bonne température !

✦ Procurez-vous des compresses d'allaitement lavables

Les compresses d'allaitement lavables respectent l'environnement puisqu'elles sont réutilisables. Elles s'emploient de la même manière que les compresses jetables, sauf qu'on les lave après chaque usage, soit avec le linge régulier, soit avec les couches. On peut s'en procurer dans les magasins de produits naturels ou dans certaines pharmacies. Cela fait moins de déchets, c'est plus économique, et on est assurée de ne jamais en manquer.

✦ Réchauffez le biberon sans gaspiller

Même les bébés allaités goûtent un jour ou l'autre au fameux biberon. Dans les guides pour parents, il est souvent contre-indiqué de faire chauffer le biberon au micro-ondes en raison des risques de brûlures, et on propose plutôt de laisser le biberon reposer dans de l'eau chaude afin de faire tiédir le lait. Si on choisit cette méthode, on peut conserver la même eau d'une fois à l'autre pour réchauffer les biberons afin de moins gaspiller, et faire chauffer l'eau au four à micro-ondes plutôt que de prendre de l'eau chaude du robinet, afin de gaspiller moins d'énergie. On peut aussi se procurer un chauffe-biberon électrique. Cet appareil fonctionne soit à vapeur d'eau ou au bain-marie et réchauffe le lait dans des délais raisonnables. Le hic, c'est que ça consomme quand même de l'eau et de l'énergie, en plus d'être un investissement peu heureux puisque l'appareil ne peut être utilisé à d'autres fins (quoique certains modèles peuvent aussi réchauffer des pots de purée pour bébé). La méthode la plus rapide et qui gaspille le moins d'énergie demeure le four à micro-ondes. Si vous êtes à l'aise avec l'idée, faites des essais afin de déterminer le nombre de secondes

requises pour réchauffer adéquatement le biberon (sans tétine) dans votre four à micro-ondes (attention : la puissance varie grandement d'un four à l'autre). Lorsque vous sortez la bouteille du four, replacez la tétine, secouez vigoureusement et vérifiez la température du lait avant de le donner au bébé.

✦ Évitez les biberons en plastique

Le plastique et les enfants ne font habituellement pas un bon mélange. Différents types de plastique émettent différentes toxines, lesquelles peuvent être ingérées par votre enfant qui met régulièrement des objets en plastique dans sa bouche. Il a d'ailleurs été démontré que le plastique des biberons en polycarbonate (ceux qui sont transparents et rigides) relâche certaines toxines dans l'environnement, dont le bisphénol A qui a un impact possible sur le développement neurologique du bébé. L'absorption de bisphénol A, qui agirait comme un œstrogène synthétique, est liée à différents problèmes, comme l'accroissement des taux de cancer du sein et de la prostate, l'infertilité et le diabète. Et les bébés sont régulièrement en contact avec leur biberon…

Un biberon en vitre.

Ce ne sont pas tous les biberons en plastique qui contiennent du bisphénol A. Les biberons composés de polyéthylène ou de polypropylène sont considérés comme moins nocifs puisqu'ils ne relâchent pas de bisphénol A. Les marques Avent, Evenflow et Gerber en plastique transparent, First Years et Playtex Vent Aire figurent parmi les

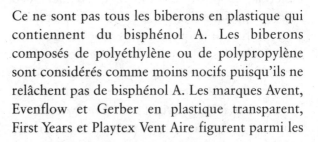

marques de biberon à éviter. Il existe certaines marques en plastique certifié sans bisphénol A, dont BornFree™. Les biberons Gerber en plastique opaque et les biberons Evenflow en plastique de couleur pastel sont aussi des choix moins inquiétants.

Devrait-on bannir le plastique ?

Le plastique est une matière fabriquée à partir de dérivés du pétrole, une ressource non renouvelable, importée, et qui, de surcroît, a des impacts environnementaux monstrueux. Les emballages et les sacs en plastique constituent une source énorme de déchets et de pollution. La production de produits en plastique est responsable à elle seule de 14 % des émissions toxiques aux États-Unis[1]. En effet, la transformation du plastique est un processus énergivore et polluant : le processus de fabrication des différentes sortes de plastique crée des substances chimiques et toxiques, dont la dioxine. La dioxine est extrêmement nocive et se dégrade très lentement, lui permettant de s'accumuler dans l'environnement et dans le corps humain. On retrouve aussi des phtalates dans le plastique, un additif destiné à assouplir le matériau, notamment dans le PVC. Il est reconnu et bien documenté que les phtalates posent un danger pour la santé des enfants[2], à tel point que de nombreux pays en interdisent l'utilisation pour la confection des jouets. «Parmi les sept différents types de plastique codés que l'on retrouve sur le marché, des études ont démontré que les plastiques numéros 1, 3, 6 et 7 sont les plus susceptibles de faire migrer dans leur contenu des plastifiants toxiques[3].»

Or, malgré le fait que le plastique constitue un risque pour la santé des enfants à différents niveaux, on continue de les entourer et de les inonder d'objets en plastique : gobelets, vaisselle, biberons, anneaux de dentition, jouets pour le bain, souliers, etc. Il existe pourtant des options de rechange intéressantes, comme de la vaisselle en acier inoxydable (donc incassable), des biberons en verre, des mocassins de cuir, etc.

Pour minimiser les risques de contamination au bisphénol A, vous devriez éviter de faire chauffer le lait directement dans une bouteille en plastique et vous débarrasser de toutes les bouteilles qui portent des marques d'usure apparentes, comme des égratignures ou dont le plastique a une apparence laiteuse. Le bisphénol A est aussi fortement présent dans les préparations lactées pour bébés : le produit chimique toxique fait partie de l'enduit qui recouvre les parois intérieures des contenants en métal et il se mélange à la préparation lactée liquide. Les meilleures options – hormis l'allaitement qui, il va sans dire, demeure la meilleure option – sont donc les préparations lactées en poudre ou celles qui sont vendues dans des contenants en plastique[4].

Les bouteilles en verre sont moins nocives pour l'environnement et pour les bébés, sans compter le fait qu'elles n'ont pas été produites à partir de dérivés du pétrole. De plus, « le biberon pour bébé en verre se prête bien à l'entreposage du lait au congélateur car les éléments nutritifs du lait n'adhèrent pas à ses parois comme avec le plastique[5] ». La marque Evenflo offre un biberon en verre relativement abordable. Pour ma part, aucune pharmacie ou magasin visité n'offrait de biberons en verre, mais j'ai fini par en trouver sur ebay.ca.

✦ Optez pour des tétines et des suces en silicone

Les tétines pour biberon en caoutchouc contiennent potentiellement des nitrosamines, un contaminant dangereux pour votre enfant. Optez plutôt pour des tétines en silicone de qualité médicale, qui sont non toxiques.

✦ N'utilisez pas des sacs en plastique jetables dans les biberons

L'utilisation de sacs jetables dans les biberons ne procure aucun avantage. Ils ne sont pas plus stériles ni plus sécuritaires qu'un biberon ordinaire. Alors, pourquoi se compliquer la vie ? Il existe une variété de biberons qu'on peut simplement remplir sans avoir à se soucier de l'approvisionnement en petits sacs. C'est mieux pour le portefeuille et pour l'environnement.

✦ Faites des purées maison

Aussi pratiques qu'elles puissent paraître aux yeux de la maman épuisée qui rêve d'une nuit de sommeil ininterrompue, il est plus avantageux pour le bien-être de la planète de fabriquer ses propres purées de bébé que d'acheter une multitude de petits pots en verre ou en plastique. Bien qu'ils soient recyclables, ces pots ont exigé une certaine quantité de matières premières et d'énergie pour leur transformation, et exigeront une aussi grande quantité d'énergie pour leur recyclage.

La fabrication de purées maison a aussi l'avantage de recycler nos restes, moyennant que nous ayons pris soin de cuisiner nos aliments simplement, c'est-à-dire sans sel, sans sauce, sans sucre. Ainsi, pas de gaspillage ! On a trois morceaux de carottes et une patate de trop à la fin du repas ? On les écrase et on les congèle dans un bac à glaçons. L'avantage de la méthode des glaçons est qu'un cube représente une plus petite portion qu'un petit pot vendu dans le commerce. Avec le petit pot, si bébé n'aime pas véritablement les haricots,

Des cubes d'épinards et de lentilles.

on s'efforcera de les lui donner lors de plusieurs repas consécutifs afin de ne pas gaspiller le contenu (qui devient périmé rapidement). Cela aura pour effet de renforcer son aversion pour cet aliment. Par contre, si on attend quelques jours avant de lui présenter à nouveau un aliment qu'il n'a pas aimé, il y a fort à parier qu'il se montrera plus réceptif à son endroit. Enfin, un autre avantage des purées maison est que le bébé s'habituera graduellement au goût de notre véritable cuisine, et non pas au goût des aliments transformés du commerce. Plus il grandit, plus il devient possible d'expérimenter en passant au malaxeur des restes de repas plus complexes : saumon au citron, cassoulet, porc aux pruneaux, et pourquoi pas des spaghettis ? Aucun petit pot ne peut offrir autant de saveur !

LES CHANGEMENTS DE COUCHES ET LES SOINS CORPORELS

Quand il s'agit de donner des pistes aux parents pour les aider à consommer moins, à réduire la quantité d'ordures qu'ils génèrent et à économiser l'eau, l'électricité ou les matières premières, on n'a pas le choix que de parler des couches.

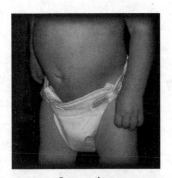

Des couches
en coton confortables.

Que l'on choisisse des couches lavables ou jetables, les deux ont un impact environnemental. Il y a deux facteurs à considérer lorsqu'on pèse l'impact de chaque option : sa fabrication et son utilisation. D'un côté, les couches de papier sont fabriquées à partir de pulpe de bois, de polyéthylène (la portion de la couche qui est antifuites) et de polyacrylate (le produit absorbant dans la couche). De plus, la couche jetable ne sert qu'une seule fois (parfois la couche dure seulement quelques minutes). D'un autre côté, les couches de coton nécessitent aussi des matières premières pour leur fabrication et doivent être lavées régulièrement (certains parlent de gaspillage d'eau et d'énergie). Pour déterminer quel type de couche a un impact environnemental moins important, voici quelques pistes de réflexion.

 ## Couches jetables ou couches de coton[6] ?

✦ Environ 13,5 kilos de coton sont nécessaires pour fabriquer une cinquantaine de couches.

✦ En contrepartie, 148 500 litres d'eau sont utilisés dans la fabrication du coton pour ces couches.

✦ La culture du coton utilise une gamme de produits chimiques et de pesticides. Le blanchiment du coton est aussi un procédé nocif pour l'environnement. Il est préférable de rechercher des couches de coton biologique non blanchi. Mais le processus de fabrication des couches jetables (plastique, blanchiment de la pâte de papier) endommage plus l'environnement que celui de la culture du coton et du chanvre.

✦ Une couche de coton (non recouverte de plastique) peut se décomposer en dedans de six mois dans un dépotoir.

✦ Les couches de coton peuvent servir pour plusieurs enfants et font d'excellentes guenilles lorsque les enfants sont grands.

✦ Deux brassées de couches réutilisables équivalent à peu près à trente-cinq chasses d'eau, soit presque autant que lorsqu'un adulte utilise les toilettes pendant cinq jours.

✦ L'eau utilisée pour laver les couches (34 000 litres d'eau annuellement) est une ressource naturelle renouvelable. Les dépotoirs dans lesquels se retrouvent les couches jetables n'ont, quant à eux, pas un espace illimité.

Suite en page suivante

✦ En deux ans et demi, un bébé moyen aura envoyé au dépotoir deux tonnes de couches jetables.

✦ Une couche jetable peut prendre jusqu'à cinq cents ans pour se décomposer. Bien qu'il soit indiqué sur l'emballage que les couches de papier sont biodégradables, celles-ci ne sont pas exposées à l'air ni au soleil dans les dépotoirs, qui sont scellés afin de contenir la production de méthane. Sans ces deux éléments essentiels, le processus de décomposition se produit très lentement.

✦ Une famille qui utilise des couches jetables a davantage recours au système de collecte des ordures ménagères, ce qui est polluant en soi (il faut prendre en considération le carburant nécessaire pour transporter les couches jusqu'au dépotoir).

✦ Une tasse de pétrole est utilisée pour la fabrication de chaque couche jetable (le polyéthylène est fait à base de pétrole).

✦ Au Canada, plus d'un milliard d'arbres sont coupés chaque année pour fabriquer les couches jetables, car de 200 à 400 kg de pulpe de bois sont nécessaires pour la fabrication d'une année de couches. Un arbre atteint sa maturité après quarante ans, alors que le coton atteint la sienne en deux cents jours.

✦ Un seul bébé connaîtra dans ses deux premières années de vie environ 7 000 changements de couches. Avec un prix unitaire d'environ 0,25 $ la couche jetable, les parents investissent donc 1 750 $ dans leurs poubelles.

Les couches lavables

Les couches en coton disponibles sur le marché aujourd'hui n'ont rien à voir avec les couches en coton qu'utilisaient nos mères. Malgré tout, l'utilisation des couches en coton demeure stigmatisée, comme s'il nous fallait encore nous battre avec les épingles de sûreté et les enveloppes protectrices en plastique. Autrefois, il fallait plier les langes du bébé, attacher le tout d'une main experte en manipulant des épingles tandis que le bébé gigotait, puis emprisonner le popotin chéri dans une enveloppe antifuites inconfortable faite de plastique épais. On trouve maintenant une panoplie de couches en coton faciles d'utilisation, qu'on peut enfiler comme une couche de papier. Comme il existe différents types de parents et de bébés, il revient vraiment à vous de magasiner les modèles de couches et de choisir celui qui vous convient le mieux. Voici quand même quelques pistes pour orienter votre choix.

✦ Les couches « tout en un »

Plusieurs marques de couches, dont bumGenius, Kushies, Fuzzi Bunz ou Bébé d'amour, possèdent un revêtement extérieur imperméable et des attaches en velcro. On n'a qu'à enfiler la couche comme on le ferait avec une couche jetable. Ces couches sont extrêmement pratiques, surtout pour des bébés qui gigotent beaucoup ou qui détestent la table à langer. Par contre, le revêtement en nylon a tendance à moins bien résister aux lavages fréquents. Mes Kushies ont commencé à se détériorer sérieusement aux coutures après un an d'usage intensif, et je crains de ne pas pouvoir m'en servir pour

Des couches tout en un séchant sur la corde.

un autre bébé. Comme il me semble presque impossible de les réparer, je devrai probablement utiliser des enveloppes protectrices supplémentaires et les enfiler par-dessus les couches.

✦ Les couches simples

Les couches de coton sans revêtement sont généralement moins dispendieuses que leur *alter ego* qui comporte une enveloppe de nylon intégrée. La marque Magik de la Mère Hélène est fabriquée au Québec, ce qui est excellent du point de vue environnemental puisqu'il s'agit d'un choix local (moins de transport se traduit par moins de pollution). Plusieurs modèles ont aussi l'avantage d'être de taille unique, ce qui signifie que vous n'avez donc pas besoin de racheter de couches lorsque bébé grandit.

Différents choix s'offrent également à nous en matière d'enveloppes imperméables pour les couches. On peut opter pour le plastique avec des bandes élastiques ajustées, pour le nylon avec des boutons-pression ou encore pour les couvre-couches de Bummies – mes préférées – munies de velcro et qui s'enfilent comme des couches (en plus d'avoir de jolis motifs).

✦ Les couches de bambou

Avez-vous déjà eu la chance de palper une couche de bambou ? Ces couches sont magnifiquement douces, et on les dit 60 % plus absorbantes que les couches en coton. De plus, la fibre de bambou utilisée pour fabriquer ce type de couche possède des propriétés antibactériennes qui résistent à l'usage et au lavage.

Pourquoi les couches de bambou sont-elles plus écologiques que celles en coton ? D'abord parce que leur matière première, le bambou, est une plante qui pousse facilement (entendre sans pesticides et sans consommer beaucoup d'eau. Ces couches sont constituées d'au moins 90 % de fibres de bambou et de 10 % de polyester, qui apporte de la résistance et de la durabilité. Et comme elles sont fabriquées à partir de fibres végétales, les couches en bambou sont presque entièrement biodégradables (sauf les boutons-pression, en plastique). On peut se procurer facilement des couches en bambou dans les magasins de produits naturels qui vendent des couches.

✦ **Des couches de papier écologiques ?**

Si on a opté pour un système mixte (couches lavables et couches de papier) ou qu'on n'a tout simplement pas la force ni le temps de se lancer dans le lavage de couches, on peut tout de même faire sa part pour l'environnement en optant pour des couches jetables dites « bio » ou « écologiques ». Fabriquées à partir d'ouate de cellulose non blanchie (sans chlore) et d'un gel absorbant non toxique, ces couches se décomposent plus rapidement que leurs consœurs non biodégradables. Leur pellicule protectrice n'est pas faite à partir de latex, donc aucun dérivé du pétrole n'entre dans sa composition. Par exemple, les couches Moltex sont fabriquées à partir de pulpe de bois, de cellulose

Des couches en papier écologiques.

(une moitié non blanchie et l'autre moitié blanchie à l'hydrogène) et de polymère. Leur sac d'emballage est fait d'amidon de maïs et peut donc se composter, puis les couches elles-mêmes sont censées se dégrader rapidement dans les sites d'enfouissement (en quelques semaines, avec des conditions optimales). On certifie que les couches sont élaborées à partir de matières renouvelables, ce qui signifie que, pour chaque arbre abattu lors du processus de fabrication, un autre est planté. On peut se procurer ce type de couches dans la plupart des magasins qui vendent des couches lavables ou les magasins d'alimentation naturelle.

Toutefois, malgré tous leurs bons points, il ne faut pas oublier que les couches jetables bios comportent plusieurs des mêmes désavantages du point de vue environnemental que les couches régulières blanchies au chlore, c'est-à-dire qu'elles nécessitent une grande quantité de matières premières pour leur fabrication et qu'elles aussi emplissent les sites d'enfouissement.

✦ Les couches hybrides

Aux États-Unis, on a vu apparaître récemment sur le marché des couches dites « hybrides », c'est-à-dire qui sont moitié lavables et moitié jetables. La gDiapers est composée d'une enveloppe extérieure de coton lavable et d'inserts en cellulose entièrement biodégradables que l'on peut jeter à la toilette. Lorsqu'elles n'ont pas été en contact avec des selles, les inserts peuvent même se composter.

Beaucoup de gens s'inquiètent de l'entretien des couches. Il existe encore des mythes tordus, difficiles à enrayer : on s'imagine la pauvre ménagère des années 1960, courbée par-dessus la cuvette en train de rincer les souillures des couches de coton non pliées, non doublées.

Comme pour bien des choses, j'ai opté pour la méthode dite «de la paresseuse» pour entretenir les couches lavables. Je n'ai tout simplement pas le temps ni l'énergie pour prendre soin de mes couches de façon rigoureuse et optimale. Je n'ai que ma conscience environnementale pour me guider, et celle-ci me rassure : ce n'est pas grave si les couches restent tachées, si on considère l'usage qui leur est destiné...

 ## Mode d'emploi «de la paresseuse»

✦ Accumuler les couches sales dans un seau muni d'un couvercle (pour les odeurs) sans mettre d'eau (c'est lourd, un seau rempli d'eau et de couches sales !).

✦ Faire le lavage des couches tous les deux ou trois jours (prévoir suffisamment de couches pour que ce soit possible).

✦ Faire tremper les couches le soir, directement dans la laveuse, avec un peu de vinaigre ou de bicarbonate de soude.

✦ Au matin, partir le cycle de trempage, puis laver les couches avec un peu de savon biodégradable. Ne pas ajouter de javellisant ni d'assouplisseur puisque cela endommage les fibres de la couche, de même que l'environnement.

✦ Étendre les couches sur la corde (le soleil est un blanchisseur naturel) pendant que le bébé joue avec les épingles à linge et les lance dans le parterre de fleurs.

✦ Optez pour un système mixte

On peut employer diverses stratégies pour faciliter l'utilisation des couches lavables. Par exemple, on peut opter pour un système mixte, utilisant à la fois des couches lavables et jetables, selon notre niveau de confort.

Par exemple, dès la naissance, nous avons choisi d'utiliser les couches jetables plus absorbantes la nuit, car nous souhaitions que le bébé fasse ses nuits le plus rapidement possible (finalement, même au sec, ça lui a pris plusieurs mois). D'autres voudront utiliser les couches lavables à la maison, mais apporteront les couches de papier avec eux dans tous leurs déplacements. On peut utiliser les couches de coton à la maison, et les couches de papier à la garderie, par exemple. L'important, c'est de respecter nos limites et nos capacités, et de nous assurer que les couches lavables s'harmonisent à notre mode de vie et ne deviennent pas une corvée.

✦ Utilisez les feuilles protectrices

Pour se faciliter la tâche, on peut utiliser de minces feuilles de polypropylène ou de viscose qui attrapent les selles mais laissent passer l'urine. Ainsi, lors du changement de couche, on n'a qu'à retirer la mince feuille et la jeter à la toilette, ce qui permet d'éviter une partie du nettoyage et du frottage de couches. Lorsque la pellicule n'a été en contact qu'avec de l'urine, on peut la laver et la réutiliser. J'accumule les miennes dans un sac de nylon lavable que j'attache solidement avant de le mettre dans la

Des feuilles protectrices
pour les couches.

laveuse afin d'éviter que les feuilles s'agglutinent aux velcros des couches. Les petites pellicules coûtent environ trois sous l'unité et sont disponibles dans tous les magasins qui vendent des couches lavables.

Autres conseils pratiques

✦ **L'hiver, faites sécher les couches dans la chambre du bébé**

En séchant, les couches augmentent le degré d'humidité dans l'air et vous évitent de devoir recourir à l'utilisation d'un humidificateur lorsque c'est trop sec.

✦ **Jetez les selles des enfants dans les toilettes plutôt que dans les poubelles**

Le fait de vider les selles dans la toilette est plus respectueux pour l'environnement (même si on doit tirer la chasse et « gaspiller de l'eau »), car les matières fécales contiennent des virus et des bactéries qui peuvent poser des problèmes sérieux lorsqu'ils fuient les dépotoirs et s'infiltrent dans les nappes phréatiques ou contaminent le sol. En vidant le contenu des couches dans les toilettes qui sont reliées au système d'égouts municipal, on s'assure que les selles seront acheminées à une usine de traitement des eaux usées, dont le but est justement d'éliminer les pathogènes potentiellement nuisibles. De plus, les usines ne font pas que traiter les eaux usées, elles les transforment aussi en engrais.

✦ **N'utilisez pas de culottes d'entraînement
   à la propreté jetables**

Les culottes d'entraînement à la propreté jetables comportent les mêmes embûches environnementales que les couches jetables. De plus, certains enfants apprennent plus lentement à se servir du petit pot puisque les culottes jetables sont trop absorbantes. Ainsi, les petits bouts de chou ne perçoivent pas qu'ils sont mouillés et ne voient pas autant l'utilité de demander d'aller à la toilette.

Les soins

✦ **Utilisez des débarbouillettes plutôt que
   des linges jetables**

Chaque mois, le parent d'un bébé en couches consomme en moyenne 200 à 450 linges jetables pour essuyer des petites fesses. À un coût unitaire d'environ trois sous, ces lingettes peuvent totaliser 13,50 $ au bout du mois. Les linges jetables sont la plupart du temps faits à partir de fibres non recyclées, c'est donc dire que ça prend beaucoup de matières premières pour fabriquer quelque chose à utilisation unique qui prendra aussitôt le chemin du dépotoir. De plus, bien qu'il soit indiqué sur certaines boîtes que les lingettes ne doivent pas être jetées à la toilette (elles se dégradent trop lentement et polluent nos cours d'eau), une quantité énorme se retrouve aux égouts, ce qui pose un problème environnemental sérieux avec lequel l'industrie de l'assainissement des eaux est aux prises.

On installe souvent la table à langer dans la chambre du bébé, mais est-ce vraiment l'endroit le plus convenable ? S'il est possible de le faire, choisissez plutôt un endroit comme la salle de bains, afin d'avoir accès facilement à de l'eau courante pour pouvoir nettoyer les fesses du bébé. Le coussin à langer peut très bien prendre place sur la laveuse ou sur le comptoir du lavabo.

Si on préfère garder la table à langer dans la chambre du bébé, on peut essayer de fabriquer soi-même des lingettes nettoyantes à l'aide de débarbouillettes pour bébés en coton. Lorsqu'une amie m'a parlé de ce truc, j'ai tout de suite été emballée et j'étais surprise de ne pas y avoir pensé moi-même. Ce n'est pas du tout compliqué et c'est assez pratique. On n'a qu'à mouiller les lingettes au préalable et les placer dans un contenant afin qu'elles soient toujours prêtes à être utilisées. Contrairement aux débarbouillettes jetables, les lingettes humides nettoient mieux les fesses du bébé (surtout les « cacas granuleux », dont on vient à bout à l'aide d'une seule débarbouillette !). On les enfouit ensuite dans la corbeille à couches et le tour est joué.

Utilisez des lingettes lavables pour débarbouiller les fesses.

Il existe une panoplie de recettes pour des débar-bouillettes maison sur Internet. La plupart demandent trois ingrédients de base : eau bouillie, huile et savon liquide. L'eau bouillie ou distillée sert à éviter la prolifération des bactéries. L'huile dans la solution permet de faire glisser les saletés, et le savon sert à nettoyer. Une fois la solution prête, elle peut d'ailleurs se conserver quelque temps au frigo. Vous pouvez aussi ajouter quelques gouttes d'huile essentielle au mélange, mais ce n'est pas indispensable puisque le savon parfume déjà un peu les lingettes.

Comment fabriquer des lingettes lavables

Ingrédients

16 petites débarbouillettes pour bébé
750 ml d'eau bouillie
15 ml d'huile d'amande douce ou d'huile pour bébé
15 ml de savon liquide ou de shampoing pour bébé

Mode d'emploi

Mélangez l'eau bouillie refroidie avec l'huile et le savon. Pliez les serviettes en deux et placez-les (ou lancez-les pêle-mêle) dans une boîte de lingettes jetables ou dans tout autre contenant en plastique muni d'un couvercle. Versez la solution sur les lingettes et assurez-vous qu'elles soient entièrement humectées.

Vous pouvez aussi conserver la lotion dans un autre contenant et mouiller les lingettes au fur et à mesure que vous en avez besoin. Cela vous permet de faire une plus grande quantité de solution et vous évite de faire bouillir de l'eau trop souvent, tout en empêchant les lingettes de prendre une mauvaise odeur (ce qui arrive lorsqu'elles restent mouillées pendant quelques jours dans un contenant hermétique). C'est la stratégie que j'ai adoptée, car, comme mon enfant fréquente la garderie, il n'y avait pas une assez grande rotation dans l'utilisation des lingettes et elles finissaient toujours par sentir mauvais.

✦ **Utilisez des crèmes qui ne contiennent pas de dérivés du pétrole ni de produits chimiques**

La peau du bébé est extrêmement délicate… une raison de plus pour surveiller ce qu'on y applique. Les onguents à base de gelée de pétrole sont fabriqués à partir de pétrole véritable, une ressource polluante et non renouvelable. Ils sont donc néfastes pour l'environnement, en plus d'être un mauvais choix pour la peau de votre bébé. « La gelée de pétrole a tendance à interférer avec les mécanismes d'hydratation de la peau et à bloquer les pores de peau ce qui tend à assécher la peau[7]. » Surveillez les étiquettes pour vous assurer que le produit que vous appliquez sur les fesses de bébé ne contient pas de pétrolatum.

Il existe un onguent que j'aime particulièrement et qui fait des miracles. Il s'agit de Herbozinc™, une crème conçue pour l'érythème fessier par la compagnie québécoise Souris verte. Cette crème à 70 % biologique ne contient que des ingrédients naturels. Pour l'hydratation de la peau, j'utilise les produits Druide, qui sont certifiés biologiques par EcoCert et qui ne contiennent aucun dérivé du pétrole ni agent chimique.

✦ **Utilisez des produits qui ne contiennent pas d'agents chimiques**

Dans de nombreux shampoings ou lotions hydratantes, on peut trouver du méthyle, du propyle, du butyle, de l'ethylparaben, du propylène glycol ou du lauryléthersulfate de sodium. Ces produits chimiques peuvent causer des réactions allergiques en plus d'être toxiques ou d'interférer avec le système endocrinien de votre enfant. Optez pour des produits biologiques et naturels.

+ **Employez un insectifuge naturel**

Le répulsif naturel et biologique de la compagnie Druide est fait à partir d'huiles essentielles et de citronnelle, ce qui est beaucoup moins nocif pour les enfants que les autres agents toxiques et chimiques (comme le DEET) contenus dans les marques populaires d'insectifuge. Le produit n'est pas recommandé par contre pour les très jeunes enfants, et il est toujours préférable d'appliquer le produit sur les vêtements de l'enfant plutôt que directement sur sa peau, question d'éviter que le produit soit absorbé par l'organisme.

Le DEET[8]

La plupart des produits vendus dans le commerce contiennent du DEET, un agent chimique qui neutralise les récepteurs des moustiques et les empêche de nous repérer. La concentration de DEET peut varier d'un produit à l'autre, allant de moins de 10 % à 100 %, quoique seuls les produits contenant un maximum de 30 % de DEET sont en vente au Canada. Or, Santé Canada avise les parents que les produits contenant du DEET ne sont pas sécuritaires pour les enfants de moins de six mois, et que les enfants plus âgés devraient utiliser un produit contenant moins de 10 % de DEET et l'utiliser avec beaucoup de parcimonie. Et pour cause, car le DEET est un pesticide chimique. Le DEET est par ailleurs un produit toxique qui peut nuire à la santé des poissons (tels que le tilapia et la truite arc-en-ciel) dans les cours d'eau où l'on trouve des concentrations même modérées du produit. De plus, « le DEET peut irriter les yeux et la peau et, dans de rares cas, avoir des effets neurotoxiques[9] ». On a donc tout intérêt à trouver des solutions de rechange, comme de porter des vêtements longs de couleur claire et de demeurer à l'intérieur à l'aube, à la tombée du jour et au début de la soirée, lorsque la période d'activité des moustiques est plus intense.

✦ **N'employez pas de maillot de bain jetable pour bébé**

Après les costumes de bain jetables, les souliers jetables peut-être ?

Un maillot pour la baignade.

Il est bien entendu qu'un bébé en couches n'est pas capable de contenir son envie d'uriner ou d'aller à la selle lorsqu'il est en maillot. Par mon expérience toutefois, je n'ai jamais remarqué que cela constituait un véritable problème. J'ai employé un costume de bain « ordinaire » avec mes deux enfants, et j'ai remarqué une seule fois où mon garçon avait uriné dans la piscine.

Même avec un maillot jetable, rien ne peut réellement garantir que les matières fécales ou l'urine seront réellement contenues et n'iront pas contaminer (si peu !) l'eau de la piscine. La meilleure solution consiste donc à faire de la prévention : on s'assure que notre enfant ne souffre pas de diarrhée lors de la baignade, et on prévoit « des changements de couches réguliers et des visites fréquentes (approximativement aux 30-60 minutes) aux salles de bain, ce qui réduira les chances d'une contamination fécale[10]. »

Enfin, si l'idée de fuites dans la piscine publique vous déplaît réellement, pourquoi ne pas opter pour un costume de bain Swimmi de la marque Bummis ? Ce costume de bain ressemble à un couvre-couche, mais est muni d'un filet à maille et d'une paroi en nylon qui retient les dégâts.

Un bavoir plastifié diminue le nombre de brassées de lavage.

✦ Utilisez des bavoirs plastifiés lors des repas

Lorsque mon garçon de quinze mois apprenait à manger seul à la cuillère (enfin, c'était plutôt avec les doigts la plupart du temps), je le laissais faire tous les dégâts qu'il voulait, surtout parce que cela me permettait de manger quelques bouchées de mon assiettée avant qu'elle ne refroidisse. Par contre, cela signifiait aussi que le repas se terminait avec un bavoir complètement souillé. Afin de limiter les mauvaises odeurs, les bavoirs sales devaient être lavés fréquemment. J'ai donc opté récemment pour des bavoirs plastifiés, lesquels je n'ai qu'à essuyer à l'aide d'un linge humide à la fin du repas, le laissant prêt pour une prochaine utilisation. Ça fait moins de brassées de lavage au bout du compte, donc on gaspille moins d'eau.

✦ Achetez des vêtements usagés

Lorsqu'on a plusieurs enfants, les chances sont que le plus jeune porte les vêtements de ses aînés. Ce sont donc des vêtements « usagés », lesquels dans certains cas n'ont été portés que quelques fois seulement. Au rythme où les enfants poussent, et avec les changements de saison, les chandails n'ont pas vraiment le temps de s'user qu'il faut déjà les remplacer.

Suivant la même logique, le fait d'acheter des vêtements pour enfants dans une friperie devient une bonne idée, puisqu'il est possible d'en trouver qui auront à peine été portés. Le fait que des vêtements aient appartenu à un autre enfant, qu'on ne connaît pas, ne rend pas ces vêtementslà moins portables ou plus défraîchis. En achetant des vêtements « déjà portés », on réutilise et on valorise des ressources naturelles.

Depuis que j'ai commencé à acheter des vêtements dans des friperies, je dirais même que mes enfants sont mieux habillés qu'ils ne l'étaient auparavant. Pour quatre ou cinq dollars, je trouve des chandails en parfait état, parfois griffés ! Et comme c'est du linge usagé, je peux me permettre d'être plus sélective et de choisir des coloris ou des motifs qui me plaisent vraiment plutôt que de souffrir le dernier vêtement à la mode qui est en grosse solde chez Wal-Mart. D'accord, j'ai constaté qu'il est assez difficile parfois de trouver des pantalons de taille 4 pour garçons (la raison est claire : ils doivent être tous troués, à voir l'utilisation qu'en fait mon bonhomme). Mais sinon, je réussis sans problème à vêtir mes enfants de très belles fripes, au grand désespoir de ma mère qui préférerait ne pas savoir que ses petits-enfants portent « les vêtements des autres... »

✦ Réparez les vêtements

« Dans l'bon vieux temps, ça s'passait d'même... » Ce n'est pas nouveau : les enfants de tous les âges se tirent par terre et font des trous dans leurs pantalons. Ils font aussi des accrocs à leurs chandails de laine en descendant la glissade. Ou ils perdent un bouton en tentant de se faufiler au travers d'une clôture. Et nous, nous n'avons tout simplement pas le temps ni l'énergie à consacrer à toutes ces réparations, alors les vêtements s'amoncellent en une pile poussiéreuse jusqu'au jour où l'on décide de s'en

Une « patch » sur
un pantalon troué.

débarrasser. Mais nous aurions pu faire réparer ces vêtements par une couturière. Cela aurait pris autant de temps et moins d'argent que d'aller en magasiner de nouveaux pour remplacer ceux brisés. Et ç'aurait été nettement plus écolo.

Je me souviens vaguement d'un habit de neige et de quelques pantalons sur lesquels ma mère avait cousu de grosses pièces mi-cuir, mi-ratine aux genoux. Ce n'était pas tellement élégant, mais qui s'en souciait dans la cour d'école ? Aujourd'hui, il existe une belle variété de « patchs » pour masquer les effilochures et les trous dans les pantalons. Mon fils raffolait d'ailleurs de son pantalon où j'avais fait coudre une auto de course sur le genou. (J'avais d'abord essayé de l'apposer au fer à repasser, mais il avait réussi à la décoller...) J'ai même poussé l'audace jusqu'à débourser trente-cinq dollars pour faire réparer la fermeture éclair d'un manteau pour enfant encore en très bon état. Pour le même prix, j'aurais peut-être pu m'en procurer un neuf, mais cela aurait impliqué que je me débarrasse d'un vêtement qui avait à peine servi et qui pouvait encore être porté. J'ai donc choisi l'option écolo.

✦ Recyclez les vêtements

Le textile constitue une part importante des déchets domestiques au Canada. La plupart des vêtements qui se retrouvent aux ordures sont encore en bon état et pourraient servir à nouveau. Lorsque des vêtements sont abîmés, ils peuvent en effet être recyclés. La meilleure façon de recycler ses vêtements encore en bon état est donc d'en faire un don à un organisme de charité qui les triera et les acheminera soit à un magasin de vêtements usagés ou à un centre de recyclage.

Il y a plusieurs années, on pouvait laisser nos sacs de vêtements sur le seuil d'une église ou d'une organisation caritative comme la Saint-Vincent-de-Paul. Aujourd'hui, on trouve un peu partout – dans de nombreuses municipalités et dans beaucoup de stationnements de centres commerciaux – des conteneurs où l'on peut rapporter les vêtements dont on n'a plus besoin. C'est simple, ça ne coûte rien, et c'est bon pour l'environnement.

Si vous avez accumulé beaucoup de vêtements troués qui ne sont plus portables, vous pouvez les acheminer directement à des centres de recyclage de textile. Consultez le répertoire de Recyc-Québec (www.recyc-quebec.gouv.qc.ca) pour dénicher un recycleur de textile dans votre région.

 ## Pourquoi devrait-on recycler nos vieux bas ?

Les vêtements sont fabriqués à partir de matières premières qui ont nécessité plusieurs transformations avant d'être portés (filature, coloration, finition, coupe, assemblage, etc.). De plus en plus, nos vêtements sont fabriqués dans des contrées lointaines, ce qui signifie des coûts environnementaux considérables afin de les acheminer jusqu'ici (transport et emballage).

«En 2004, on estime que plus de 101 000 tonnes de résidus de textiles ont été générées au Québec. De cette quantité, 38 000 tonnes ont été récupérées [...][11].» Les 63 000 autres tonnes de textile qui se sont retrouvées au dépotoir auraient pu être réutilisées ou recyclées, d'autant plus que l'on sait que 80 % des tissus sont maintenant fabriqués à partir de fibres synthétiques qui ne sont pas biodégradables.

Un soulier « sauvé ».

✦ Adoptez un cordonnier

De moins en moins de gens apportent leurs souliers ou leurs bottes chez le cordonnier pour les faire réparer. C'est comme pour les petits appareils électroménagers, on s'imagine qu'il en coûtera plus cher de les faire réparer que d'en acheter des neufs « Made in China ». Or, vous seriez surpris de constater qu'un cordonnier vous réparera la glissoire brisée de vos grandes bottes en cuir, les nettoiera et les remettra à neuf (« elles seront meilleures qu'au moment où vous les avez achetées ! », m'a déjà affirmé mon cordonnier) pour environ 20 $.

Outre l'économie d'argent, d'autres facteurs sont à prendre en considération. Chaque paire de souliers neufs requiert énormément d'eau pour sa fabrication. Le cuir dont les souliers sont fabriqués provient de bœufs qui ont consommé des quantités inimaginables d'eau afin d'arriver à maturité. Leur coefficient de consommation virtuelle d'eau est donc extrêmement élevé.

✦ Procurez-vous des meubles usagés

Beaucoup de meubles en parfait état se retrouvent chaque année au dépotoir. Question de goût ou de tendance, les gens se lassent et hop ! on met ça au chemin. En optant pour des meubles plus classiques, on risque moins de devoir se départir de son mobilier trop criard sorti tout droit des années 1980 ou 1990.

Beaucoup de nouveaux parents hésitent à accepter les meubles usagés qu'on leur offre (parfois gratuitement), préférant acheter des meubles neufs pour leur bébé « neuf ». On s'imagine à tort qu'il faut absolument une vraie de vraie table à langer et que tout le mobilier doit être assorti. Pourtant, n'importe quel meuble peut très bien se transformer en table à langer, moyennant qu'il soit de la bonne hauteur et qu'on se procure un coussin à langer dans une boutique (une dépense d'une vingtaine de dollars). Le meuble pourra continuer à servir par la suite.

 ## Le coefficient virtuel de consommation d'eau

L'Institut pour l'éducation sur l'eau de l'UNESCO[12] a calculé, pour chaque objet fabriqué ou consommé, son coefficient de consommation d'eau virtuelle. Autrement dit, on peut comparer divers objets et déterminer lesquels d'entre eux ont nécessité le plus d'eau pour leur fabrication. Par exemple, on considère qu'une pomme requiert 70 litres d'eau à produire, mais qu'un verre de jus de pomme nécessite quant à lui 190 litres d'eau[13]. Voici quelques exemples de denrées en fonction de leur consommation d'eau :

1 kg de blé	1 300 litres d'eau
1 tasse de café	140 litres d'eau
1 kg de riz	3 400 litres d'eau
1 kg d'œufs	3 300 litres d'eau
1 kg de bœuf	15 000 litres d'eau
Un jean (1000 g)	10 850 litres d'eau
Une couche (75 g)	810 litres d'eau
Un drap (900 g)	9 750 litres d'eau

Un des avantages à acheter des meubles usagés pour les enfants est qu'on les trouve souvent en très bon état (ils ont à peine servi !). En courant les antiquaires, les petites annonces et les brocantes, on peut aussi dénicher des merveilles qui auront du cachet dans la chambre du bébé.

✦ Un sommeil écolo ?

Les matelas traditionnels sont généralement fabriqués à partir de matériaux synthétiques qui peuvent libérer des substances toxiques au fil du temps, comme c'est le cas par exemple des produits ignifuges et de la mousse de polyuréthane qu'ils renferment. Puisque nous passons une bonne partie de nos vies à dormir sur des matelas, mieux vaut que ceux-ci ne contaminent pas l'air que nous respirons.

Si vous devez remplacer votre matelas, voici quelques conseils qui vous aideront à choisir un lit plus intéressant du point de vue de l'environnement et de votre santé :

– recherchez un lit dont la base (le sommier) est constituée de planches de bois pleines et non pas de contreplaqué ou de panneaux agglomérés (qui peuvent émettre des particules toxiques) ;

– choisissez un matelas qui ne contient pas de polybromodiphényléthers. Les PBDE sont des produits chimiques utilisés pour ignifuger les fauteuils et les matelas. Ce produit toxique, qui empêche les meubles de prendre feu, est nocif sur le plan de l'environnement, car il s'accumule dans les organismes vivants ;

— optez pour un matelas constitué de fibres naturelles et biologiques, comme le coton ou la laine.

LES JOUETS

Qui dit enfant, dit jouet. Il y a différentes façons de faire en sorte que nos enfants puissent s'amuser avec des jouets tout en demeurant respectueux de l'environnement. Que ce soit la provenance ou les composantes du jouet, les piles ou l'entretien qu'on en fait, plusieurs détails entrent en « jeu ».

✦ Ne laissez jamais les jouets dehors

Les jouets qui subissent les assauts du soleil et de la pluie perdent vite leur éclat, leur attrait et leurs jolis autocollants. Leur durée de vie diminue d'autant. En vous munissant d'un bac de rangement pour les jouets, ou en les rentrant tout simplement à l'intérieur, vous éviterez ainsi de devoir jeter aux ordures des jeux défraîchis qui n'attirent plus l'intérêt des enfants.

Des jouets oubliés…

✦ Évitez d'acheter des jouets fabriqués à partir de dérivés du pétrole

La plupart des jouets sont désormais en plastique, qui est un dérivé du pétrole. De nombreux jouets – comme les jouets pour le bain et les anneaux de dentition – sont également fabriqués à partir de PVC, une sorte de plastique mou assoupli à l'aide de phtalates, une substance reconnue comme étant nocive pour les jeunes enfants (de nombreux pays bannissent les jouets qui contiennent des

phtalates). De surcroît, la plupart des jouets en plastique ne sont pas recyclables. En effet, très peu de jouets possèdent le fameux sceau triangulaire avec le chiffre au milieu indiquant de quel plastique il s'agit, donc impossible de deviner si ça se recycle ou non[14].

Il existe, bien entendu, des solutions de rechange aux jouets en plastique, bien qu'il soit difficile de trouver des produits équivalents lorsqu'il s'agit de Lego, de Barbies ou d'une console Wii. Par contre, si vos enfants sont encore jeunes, vous pouvez trouver assez facilement des jouets adaptés à leur âge qui sont fabriqués à partir de bois ou de tissu, comme des trains de bois ou des anneaux de tissu plutôt que de plastique.

✦ Recyclez les jouets qui ne fonctionnent plus

Beaucoup de jouets en plastique ont une durée de vie limitée et sont difficilement réparables. C'est le cas par exemple de l'essieu en plastique sur le petit panier d'épicerie de mon garçon, et de la table à pique-nique pour enfants qu'un ami avait mis à la poubelle en raison de sa banquette fendue. Certains organismes communautaires reprennent les jouets usagés ou défraîchis, mais pas les jouets irréparables. Que faire ? Peut-on les recycler ?

Selon Recyc-Québec, les jouets ne sont pas recyclables, car « la majorité des plastiques utilisés dans la fabrication des jouets ont subi un traitement thermodurcissable qui rend le plastique très résistant aux chocs. Le plastique ainsi traité ne fond plus mais brûle, ce qui rend caduc son recyclage[15] ». De leur côté, certains fabricants indiquent que leurs jouets sont recyclables et apposent même le sceau indiquant le type de plastique utilisé.

Ainsi, le mieux est de se renseigner auprès de chaque fabricant afin de déterminer si oui ou non le jouet brisé peut être recyclé. Voici quelques exemples de jouets en plastique qui – selon leur fabricant – se recyclent :

- Les marqueurs de couleur Crayola, qui sont faits de polypropylène (plastique de type numéro 5). Par contre, lorsqu'on essaie de démanteler le crayon pour ne mettre que la portion en plastique au recyclage, on n'y arrive pas sans peine ;

- Les jouets de la compagnie Step2 sont fabriqués avec du polyéthylène à basse densité (plastique numéro 4) ;

- Les contenants de pâte à modeler Play-Doh, qui sont faits de polypropylène (plastique de type numéro 5) ainsi que les couvercles, qui sont soit du polyéthylène à basse densité (plastique numéro 4) ou du polyéthylène à haute densité (plastique numéro 2) ;

- Les jouets Little Tikes (chaque jouet porte le sceau du type de plastique) ;

- Les pièces en plastique des jeux K'nex.

Idéalement, vos jouets dureront toute une vie. Mais dans le cas contraire, assurez-vous que les morceaux en plastique sont recyclés lorsque c'est possible.

✦ **Achetez des jouets qui ne requièrent aucune pile**

Êtes-vous de ceux à qui l'on a offert un aquarium Fisher-Price lors de la naissance de votre enfant ? J'en suis. Ce cadeau fut pour moi un choc brutal comme parent, vu la quantité de piles qu'il fallait gaspiller pour alimenter l'appareil. Quatre grosses piles « D » sont requises pour faire fonctionner l'aquarium Fisher-Price, lequel pourrait très bien être remplacé par un mobile mécanique que l'on remonte à la main. Autre point faible de l'aquarium : lorsque les piles faiblissent (ce qui arrive souvent), la boîte à musique déraille et les sons qui en sortent sont tout sauf apaisants pour de jeunes oreilles. Après quelques changements de piles initiaux, mon conjoint et moi avons abdiqué et le

Les piles et l'environnement[16]

Les piles contiennent énormément de substances toxiques et de métaux lourds, comme le plomb, le mercure et le nickel-cadmium, qui peuvent être rejetés dans l'environnement. On estime que les Canadiens envoient environ 400 millions de piles au dépotoir chaque année, un chiffre qui ne cesse de croître à mesure que se multiplient les gadgets électroniques. Ces piles, lorsqu'elles se retrouvent dans les décharges ou les incinérateurs, peuvent libérer des substances toxiques qui posent un risque pour la santé des personnes et de l'environnement.

La fabrication d'une pile requiert beaucoup d'énergie et de matières premières. Assez étonnamment, la pile fournit une certaine quantité d'énergie mais en nécessite cinquante fois plus pour sa fabrication. Cela est vrai même pour les piles à très longue durée ! Quant au rapport énergie-prix, un appareil que l'on peut brancher dans le mur coûte cent fois moins cher à faire fonctionner que celui qui fonctionne à piles.

jouet est resté longtemps silencieux dans le lit, jusqu'à ce que mon père s'en empare pour y insérer un dispositif permettant son branchement au mur. On a fini par faire la même chose avec notre balançoire Graco, qui était absolument nécessaire pour endormir le bébé.

L'idéal, puisque les fabricants ne semblent pas comprendre que le consommateur aimerait au moins avoir l'option de brancher l'appareil au mur, est donc :

— d'acheter le moins de jouets qui fonctionnent avec des piles ;

— d'utiliser des piles rechargeables : une pile rechargeable dure en moyenne cinq ans et peut être rechargée jusqu'à mille fois, en plus de pouvoir être recyclée ;

— de privilégier l'achat d'objets qui fonctionnent à l'énergie solaire, comme les calculatrices ou les radios (certains jouets fonctionnent aussi à l'énergie solaire, comme des robots ou des autos de course[17]) ;

— de ne pas jeter les piles aux poubelles ; elles font partie des résidus domestiques dangereux et sont recueillies lors des collectes annuelles de votre municipalité ou dans les écocentres ;

Les piles rechargeables durent en moyenne cinq ans.

Prenez garde aux objets multifonctions ou 3-en-1 qui fonctionnent avec des piles. La plupart du temps, certaines fonctions superflues viennent gruger de l'énergie pour rien. Par exemple, entre deux modèles de balançoires pour nouveau-né, optez pour celle qui ne fait que balancer, et non pas celle qui joue de la musique et propose des effets de lumière. Si la musique est essentielle pour endormir le bébé, optez plutôt pour un CD dans votre chaîne stéréo ou un autre appareil à bruit qui se branche dans le mur plutôt que de gaspiller inutilement l'énergie des piles dans la balançoire.

Il y a tellement de jouets qui ne nécessitent aucune pile – vaisselle, blocs, toutous, poupées, instruments de musique, animaux, pâte à modeler – qu'il est assez facile d'éviter d'acheter des jouets qui en utilisent, surtout ceux qui pourraient très bien exister sans piles mais à qui on a intégré des sons et de la lumière pour les rendre plus attirants lors de l'achat (mais pas nécessairement plus intéressants lorsque vient le temps de jouer). Ainsi, n'utilisez pas de piles dans les jouets lorsque vous le jugez opportun. Le camion de pompier ne claironne plus ? Tant mieux, le pin-pon était trop bruyant de toute façon, et votre enfant est fort bien capable de remplacer la sirène avec sa petite voix flûtée.

De nombreux jouets
ne nécessitent aucune pile.

✦ **Assurez-vous que vos piles alcalines sont réellement à plat avant de les remplacer**

Parfois, les piles alcalines n'ont plus assez de jus pour fonctionner dans un appareil, mais sont encore assez performantes pour alimenter un autre jouet. Utilisez-les à fond. Quatre piles laissées chez nous par des amis en visite dont la caméra numérique était à plat alimentent depuis ce temps le piano électronique dans la salle de jeux.

✦ Recherchez des jouets qui ont été fabriqués localement

Quand on pense à des jouets fabriqués localement, on pense tout de suite à de l'artisanat, et ce n'est peut-être pas en haut de la liste de ce que nos enfants aimeraient recevoir pour leur fête ou à Noël. Heureusement, d'autres options s'offrent à nous. Plusieurs grandes compagnies de jouets ont des usines au Canada, ce qui signifie que les jouets qui sortent de leurs chaînes de montage auront moins voyagé avant d'arriver sur les tablettes du magasin, et auront ainsi moins pollué.

Inspectez les boîtes de jouets. Vérifiez que le jouet a été fabriqué au Canada ou aux États-Unis (ce qui est déjà pas mal moins loin que la Chine). Par exemple, les Mega Bloks sont fabriqués au Québec (vérifiez tout de même l'emballage, parfois certains morceaux sont fabriqués en Chine), et on peut trouver certains produits de la marque Crayola qui ont été fabriqués au Canada. Les renseignements peuvent changer d'un emballage à l'autre (même d'un jouet identique !), alors vérifiez toujours les informations sur chaque jouet individuel pour vous assurer de sa provenance réelle. La plupart du temps, vous trouverez l'information sur l'origine du jouet près du code à barres.

De la gouache fabriquée au Canada.

✦ Organisez des trocs de jouets

Les échanges de jouets, de livres ou de films permettent de faire de nouvelles découvertes sans dépenser d'argent et sans encombrer ses garde-robes. Cela peut s'organiser facilement entre des amis ou des cousins du même âge. Il faut cependant s'assurer d'inscrire son nom sur les objets prêtés et de garder un registre afin de ne pas en perdre de vue et d'éviter des malentendus.

LES ACTIVITÉS

Ce n'est pas parce qu'on est écolo qu'on doit bannir les activités et les sorties, sous prétexte que cela fait consommer davantage. Au contraire, on peut s'amuser follement tout en respectant l'environnement et en consommant moins. Il s'agit seulement de limiter le gaspillage et de planifier un peu à l'avance ses déplacements.

✦ Fréquentez la bibliothèque de quartier

Dès leur très jeune âge, les enfants apprécient la lecture. Comme nous, les parents, pouvons nous lasser de lire et relire les mêmes histoires à nos enfants, il devient facile de nous laisser tenter par l'achat de nouveaux livres.

En allant à la bibliothèque avec ses enfants, il est possible de renouveler régulièrement son stock de livres à peu de frais (moyennant qu'on n'oublie pas de les rapporter dans les délais !). À la bibliothèque, il va de soi qu'on n'a pas à réemprunter les livres qui nous plaisent moins... Si on les avait achetés, par contre, on serait pris avec. Toutes les formes de prêt public ou d'entraide sont écolos parce qu'un même objet sert à plusieurs personnes plutôt que de récolter

La bibliothèque : une forme de prêt public qui est aussi écologique.

de la poussière sur une tablette. Idéalement, il faudrait instaurer un système semblable pour les jouets !

✦ Bouquinez

Chez nous, nous prêchons parfois mal par l'exemple. Travaillant dans le domaine du livre et de l'édition depuis dix ans, mon conjoint et moi achetons rarement des livres neufs (à part quelques livres de référence ici et là et des cadeaux pour la parenté et les amis), desquels nous gagnons notre croûte. Cela tient en partie du fait que nous souffrons du syndrome de l'achat compulsif de livres. Ainsi, il vaut mieux, pour nous et notre portefeuille, bouquiner pour nous alimenter en nouvelles lectures.

Les livres usagés pour enfants sont souvent peu dispendieux, si bien qu'on en trouve beaucoup à un ou deux dollars. Par contre, en achetant des livres usagés, je suis souvent confrontée à un dilemme. D'une part, je sais qu'aucun droit d'auteur supplémentaire ne sera versé à l'auteur du livre, mais, d'autre part, je me dis que je détourne un ouvrage du recyclage et que je lui donne une deuxième vie.

✦ Méfiez-vous des livres cartonnés en couleurs

Vu le coût d'impression élevé d'un livre en couleurs, de nombreux éditeurs font imprimer leurs livres en Chine, où les frais sont moins élevés. C'est le cas pour un grand nombre de livres cartonnés pour enfant. Vérifiez au dos ou dans la page de garde pour savoir où le livre a été imprimé.

Même si l'éditeur a son lieu d'affaires au Québec, il y a fort à parier que le livre a dû voyager de la Chine avant d'arriver chez vous. Son transport a donc nécessité une grande quantité d'énergie.

Une visite au parc municipal.

✦ Visitez les différents parcs municipaux près de chez vous

Les aires de jeu pour enfants sont des infrastructures municipales (parfois scolaires) qui ont pour but de desservir un grand nombre d'enfants. Plutôt que de garnir votre cour de différents équipements de jeu qui ne serviront qu'à vos seuls enfants, utilisez les infrastructures qui sont mises à votre disposition. Après tout, vous payez bien pour ces jeux par vos taxes municipales ou scolaires, c'est donc dire qu'ils vous appartiennent un peu ! Nous amenons parfois la famille visiter des parcs plus éloignés, dans d'autres arrondissements où nous faisons nos courses, question de varier les plaisirs.

✦ Courez les ventes-débarras

Des vêtements pour enfant et des bibelots dans une vente-débarras.

Nous avons habitué très jeunes nos enfants à venir avec nous fouiner dans les ventes-débarras. Lorsque mon plus vieux se passionnait pour les petites voitures, on lui en a déniché un sac d'épicerie plein pour deux dollars seulement. Certaines d'entre elles étaient bien un peu défraîchies, mais croyez-vous qu'il s'en formalisait ? Le propriétaire précédent des petites voitures avait quant à lui douze ans maintenant, beaucoup trop vieux pour des jouets d'enfant. Heureusement, ses autos n'ont pas atterri dans un site d'enfouissement (ce qui arrive trop souvent).

Dressez une liste d'objets dont vous avez besoin de façon non urgente, de sorte que, lorsque la saison des ventes-débarras arrive, vous pouvez vous amuser avec vos enfants à dénicher des trésors. Par exemple, nous souhaitions acquérir une petite glissade et des patins. Nous avons donc attendu la saison estivale et avons gardé les yeux ouverts afin de trouver ces objets en visitant différentes ventes-débarras. Nous avons fini par les trouver, pour cinq dollars chacun. De leur côté, les enfants adorent venir avec nous parce qu'on peut rarement leur refuser l'achat d'un jouet ou deux... À 50 ¢ le casse-tête, difficile de dire « non » !

✦ Allez cueillir vos fruits

Tout au long de la belle saison, il y a possibilité d'aller cueillir des fruits en famille. Peu importe où vous habitez, il y a certainement près de chez vous un producteur local qui permet l'autocueillette des fruits et des légumes. Visitez le site de www.bonjourquebec.com et tapez « autocueillette » dans l'engin de recherche afin d'en dénicher un. En encourageant un producteur local, vous contribuez au bien-être de la planète puisque ces fruits et légumes parcourent très peu de chemin et consomment donc peu de carburant avant d'atterrir dans votre assiette. Il s'agit d'une activité qui coûte peu d'argent et dont les enfants raffolent. Ils ressortent tout barbouillés et repus du champ de fraises, ils grimpent dans les pommiers, ils se cachent dans les épis, ils essaient de ramasser la plus grosse citrouille. Profitez-en pour faire un pique-nique, la sortie n'en sera que plus mémorable.

Une sortie dans les champs de fraises.

Une randonnée en famille.

✦ **Explorez les sentiers pédestres et les pistes cyclables de votre région**

Les randonnées pédestres ou les balades à vélo sont des activités amusantes et peu polluantes que toute la famille peut partager. Le Québec est sillonné de nombreuses routes vertes et pistes cyclables. Vous n'avez qu'à consulter les répertoires de www.velo.qc.ca et de www.bonjourquebec.com pour trouver les pistes cyclables ou les sentiers pédestres les plus près de chez vous.

✦ **Faites du bricolage « écolo »**

Le principe du bricolage « écolo » est de transformer des objets dont on ne sert plus et qu'on a sous la main à la maison plutôt que de surcharger ses tiroirs de kits de bricolage provenant des magasins à un dollar. Les enfants s'amusent comme des petits fous avec moins que rien, pourvu qu'on s'implique dans le projet !

Conservez des articles qui sont destinés aux poubelles et au recyclage et appliquez le principe des 3R-V (réduire, réemployer, recycler et valoriser). Lors de vos bricolages, essayez de ne pas trop « dénaturer » les contenants afin de pouvoir encore les recycler une fois que l'activité sera terminée. Voici quelques idées en vrac :

— Des marionnettes fabriquées à partir de vieilles chaussettes, de bouchons et de papier ;

— Des échasses de fortune fabriquées à l'aide de deux contenants de yogourt et de ficelle ;

- Des téléphones en boîtes de conserve (un classique de notre enfance) ;

- Un cabaret pour le lit fait à partir d'une boîte de carton découpée ;

- Un costume de robot dont les pieds sont deux boîtes de mouchoirs vides et le plastron est un sac d'épicerie découpé (un trou pour la tête et deux pour les bras) ;

- Des chandelles à partir de morceaux de crayons de cire brisés ;

- Un jeu de quilles à partir de bouteilles en plastique vides ;

- Des instruments de musique divers à l'aide de contenants en plastique ou de boîtes de conserve et de différents matériaux (cailloux, riz, pâtes).

✦ **Des dessins plus écolos ?**

Les livres à colorier pour enfant sont habituellement fabriqués sur du papier non recyclé. Plutôt que d'acheter des livres à colorier, on peut inciter notre enfant à dessiner sur des feuilles recyclées (au dos d'une feuille imprimée par exemple). Il existe aussi de nombreux sites sur Internet à partir desquels on peut imprimer, toujours au dos d'une feuille imprimée, des images à colorier. Tapez « enfant », « coloriage » ou « dessin » dans un engin de recherche et vous en trouverez une grande sélection.

Dessinez au dos
de feuilles imprimées.

✦ Utilisez moins d'autocollants

Les enfants adorent les autocollants, soit. Mais ces petits sachets enveloppés sous cellophane et qui ne contiennent que quelques autocollants sont souvent fabriqués en Chine, et ne peuvent pas être réutilisés s'ils ont été apposés sur une feuille de papier. Munissez-vous d'un album d'autocollants aux feuilles glacées afin de pouvoir décoller les autocollants et les réutiliser de nouveau, et vérifiez les paquets pour en trouver qui ont été fabriqués au Canada (la marque Sandylions en fabrique à son usine en Ontario, mais d'autres produits de cette entreprise sont faits en Chine).

Si notre enfant aime coller des images, on peut aussi ramasser des circulaires ou des catalogues comportant de belles images et les découper puis les coller avec de la colle.

✦ Cabanes improvisées

Plutôt que de garnir le sous-sol ou la salle de jeu d'une maisonnette en plastique, mettez à profit vos vieux draps et construisez un abri secret lors de journées pluvieuses. Les forts improvisés de la sorte ont aussi le mérite d'être moins encombrants puisqu'on peut démanteler la cabane une fois l'activité terminée.

✦ Impliquez vos enfants dans vos démarches écologiques

Tous vos efforts et vos questionnements par rapport à la santé de la planète peuvent être partagés avec vos enfants, peu importe leur âge.

Impliquez-les dans le compostage et le recyclage, demandez-leur de conserver l'eau eux aussi lorsqu'ils se lavent les mains ou prennent leur douche, incitez-les à modifier leurs comportements gaspilleurs ou à montrer l'exemple auprès de leurs amis ou à l'école. Prendre soin de l'environnement est un projet social et collectif auquel vos enfants prendront part avec plaisir s'ils sentent qu'ils font une différence et qu'ils sont responsables.

✦ Adoptez des vers

Le vermicompostage est une façon amusante de composter en famille. Nos vers remportent toujours un succès fou auprès des petits amis en visite. D'ailleurs, ils sont probablement les animaux de compagnie les moins encombrants et les moins exigeants ! Pas de poils à ramasser, pas de nourriture à acheter, pas de gardiennage lorsqu'on part en voyage.

Les enfants aiment bien nourrir les vers.

L'un des avantages du vermicompostage est de pouvoir composter à l'intérieur. Alors que le compostage extérieur traditionnel prend une pause l'hiver venu (vous pouvez accumuler vos matières organiques dans votre composteur à l'extérieur, mais le processus ne se remettra en branle qu'au dégel), les vers continuent de travailler à longueur d'année. Le vermicompostage constitue donc un excellent complément au compostage traditionnel, et il est idéal pour les familles en copropriété ou en appartement qui n'ont pas accès à une cour. Pour des renseignements sur le compostage traditionnel, consultez la section en page 165.

Le vermicompostage peut se faire à l'intérieur.

Pour faire du vermicompostage, il faut faire appel à une variété spécifique de ver de terre, le *Eisenia fœtida*, car cette espèce est bien adaptée à la vie dans un bac. Ces vers, qui se reproduisent entre eux dans le bac, ont une espérance de vie d'environ cinq ans. On peut mettre au vermicomposteur à peu près les mêmes choses qu'on jetterait dans un composteur traditionnel, mais on doit couper les morceaux en plus petit et laisser les détritus faner dans un pot pendant quelques jours avant de les donner aux vers, question de favoriser la multiplication des bactéries dont les vers se nourrissent. Un guide d'utilisation assez simple accompagne le vermicomposteur en vente à la ferme Pousse-Menu (www.pousse-menu.com).

LES VOYAGES

Avant de quitter la maison

✦ **Baissez les thermostats, fermez l'air climatisé**

Il est possible de diminuer votre consommation d'énergie alors que vous êtes à l'extérieur de votre domicile. Ajustez vos thermostats afin de ne pas réchauffer ou climatiser inutilement votre résidence pendant votre absence.

✦ **Débranchez les appareils non utilisés**

Même s'ils ne servent pas, de nombreux appareils grugent de l'énergie (ordinateur ou imprimantes en mode « veille », lecteur DVD, chaîne stéréo, etc.). Débranchez tout ce qui ne servira pas.

✦ Éteignez le chauffe-eau

Si vous quittez la maison pour plus d'une fin de semaine, il peut être intéressant de couper l'alimentation électrique du chauffe-eau afin qu'il ne fonctionne pas inutilement pendant votre absence.

✦ Fermez ou ouvrez les rideaux

Les rideaux agissent un peu comme un isolant pour vos fenêtres. Si c'est l'été, le fait de fermer les rideaux maintiendra une température plus fraîche en empêchant le soleil de réchauffer la maison. Dans le même ordre d'idées, on peut ouvrir les rideaux des fenêtres exposées au soleil en saison froide.

Si vous quittez pour plus d'une fin de semaine, coupez l'alimentation du chauffe-eau.

✦ Procurez-vous une minuterie pour les lumières

Souvent, quand on part pour quelques jours, on laisse certains appareils allumés afin de donner l'impression que la maison est toujours occupée. En branchant les lampes sur une minuterie, elles ne s'allumeront et ne s'éteindront qu'au moment voulu, ce qui consommera moins d'électricité et donnera l'illusion aux voleurs potentiels d'un usage plus « normal » de l'éclairage intérieur.

✦ Annulez la livraison des journaux

Qui veut lire de vieilles nouvelles ? Si vous n'êtes pas là pour les lire, les journaux iront forcément au recyclage à votre retour. Le fait de suspendre temporairement votre abonnement a aussi comme effet de ne pas signaler votre absence aux voleurs potentiels. De plus, cela étire la durée de votre abonnement puisque les copies non livrées vous sont normalement créditées.

✦ Emportez une veilleuse dans vos bagages

La majorité des personnes qui demeurent à l'hôtel laissent une lumière allumée toute la nuit (c'est plus sécurisant, surtout lorsqu'on voyage avec de jeunes enfants). Une veilleuse consomme moins d'énergie et s'emporte facilement dans les bagages.

Le tourisme écolo

✦ Achetez des billets électroniques

Les billets d'avion ou de train électroniques consomment moins de papier, donc moins de ressources.

✦ Limitez les déplacements en avion

Les avions sont de grands pollueurs et émettent quantité de gaz à effet de serre, soit environ 4 % du total annuel mondial. Par exemple pour un aller simple vers Paris à partir de Montréal, la quantité de CO_2 émise dépasse les deux tonnes par passager[18]. Il est donc plus sage d'opter pour des destinations plus près de chez soi, où il est possible notamment de se rendre en auto ou, encore mieux, par un moyen de transport collectif (train ou autobus), puisque l'avion émet dix-neuf fois plus de gaz à effet de serre que le train.

S'il n'y a pas d'autre moyen de se rendre à destination et qu'on doit prendre l'avion, on peut tout de même porter attention à certains détails qui ont un impact sur l'environnement. Par exemple, comme le décollage et l'atterrissage consomment le plus d'essence, les escales effectuées avant d'arriver à destination contribuent à faire grimper les émissions de gaz à effet de serre. On recherche donc des trajets sans escale, même si cela implique un billet plus dispendieux. Sinon, il est toujours possible de donner un coup de pouce à la planète en compensant pour nos émissions de CO_2. Sur le site de Planetair (http://planetair.ca), on peut calculer les émissions de notre trajet à l'aide d'un outil et déterminer le montant qu'on peut verser afin de contrer les effets de nos déplacements. Les fonds versés à l'organisme servent à divers projets ou à des investissements verts, notamment dans les énergies renouvelables.

✦ Faites de l'écotourisme

Pour ceux qui recherchent les destinations exotiques, l'écotourisme s'avère une façon de voyager des plus respectueuses pour l'environnement. Il existe plusieurs associations d'écotourisme ou de tourisme équitable et responsable de par le monde. Celles-ci militent notamment pour un impact minimal sur les lieux visités et un respect de l'environnement à destination, ainsi qu'un impact positif sur le développement au niveau local et humain. Les grandes chaînes hôtelières installées aux abords des plages sablonneuses du Sud ne correspondent nécessairement pas aux critères de l'écotourisme puisqu'elles ont anéanti la végétation existante pour implanter leurs infrastructures et qu'elles n'ont pas des retombées socioéconomiques significatives pour les localités (à part le fait qu'elles emploient des gens natifs de l'endroit, souvent à faible coût). Encore là, il ne faut pas oublier que l'écotourisme aura aussi des effets néfastes sur l'environnement s'il est nécessaire de se déplacer par avion pour se rendre à destination.

✦ Prenez soin des guides, des brochures et des plans gratuits

Dans les hôtels et lieux d'attraction touristique, des brochures d'information sont mises à notre disposition. Dans les musées, on nous remet un plan afin de parcourir les salles sans souci. Si on en prend bien soin, on pourra les retourner à la fin de notre visite pour qu'ils puissent servir à nouveau. Il s'agit de l'exemple par excellence de « réutilisation ».

À l'hôtel

✦ Faites des réservations auprès d'un établissement vert

Au Québec, certains hôtels arborent le sceau Réser-vert. Ce programme de reconnaissance encourage le développement durable au sein des hôteliers québécois. Ainsi, un hôtel qui souscrit au programme doit rencontrer un certain nombre des objectifs fixés ayant trait au recyclage, à l'économie d'eau et d'énergie, à la réduction des déchets et à la réduction des gaz à effet de serre, entre autres. Aux États-Unis et ailleurs dans le monde, on peut dénicher ce type d'hôtels en tapant « green » et « hotels » dans un moteur de recherche sur Internet.

✦ Recyclez !

De plus en plus d'hôtels mettent maintenant des bacs de recyclage à la disposition de leur clientèle, directement dans les chambres. Si votre hôtel n'offre pas ce service, faites contre mauvaise fortune bon cœur et rapportez vos effets recyclables dans vos valises (ceci est surtout possible si vous voyagez en auto). Ce n'est pas parce qu'on séjourne dans une autre ville qu'on doit se permettre de jeter une bouteille de vin à la poubelle. Vous pouvez aussi demeurer aux aguets et repérer les boîtes de recyclage qui parsèment les rues des grandes villes.

✦ N'utilisez pas les savons et les shampoings offerts gracieusement

La quantité de ressources nécessaires pour empaqueter ces petits échantillons de savon ou de shampoing est fort élevée et constitue du gaspillage. Si les clients cessaient de les utiliser et prenaient la peine d'emporter leurs propres produits, les hôtels arrêteraient de les fournir automatiquement et les offriraient seulement sur demande, afin de dépanner leurs clients distraits.

✦ Conservez vos serviettes et vos draps

Bien peu d'entre nous changent leurs draps ou leurs serviettes quotidiennement, alors pourquoi faire différemment lorsque nous séjournons à l'hôtel ?

Au moment de votre arrivée à l'hôtel, vérifiez la politique de l'établissement concernant le remplacement de la literie et des serviettes de bain. Certains hôtels incitent leur clientèle à réutiliser leurs serviettes et ne les remplaceront qu'à leur demande. À moins de demeurer à l'hôtel plus d'une semaine, il n'y a pas vraiment lieu non plus de faire changer votre literie. Il est alors important d'en aviser le service d'entretien.

✦ Refusez le journal livré quotidiennement à votre chambre

De nombreux hôtels offrent gracieusement le journal à leur clientèle. Si vous n'avez pas l'intention de le lire, avisez-en la réception afin qu'ils s'ajustent. Si tous les clients cessaient de demander ce service, les hôtels offriraient le journal seulement à la demande des clients plutôt que de l'offrir spontanément à tout venant, et on économiserait des ressources précieuses.

En camping

✦ Protégez les cours d'eau

Ne lavez ni vos vêtements, ni votre vaisselle, ni vos enfants, pas plus que vous-même, dans les cours d'eau qui bordent le campement afin de ne pas les contaminer. Employez une petite bassine et du savon biodégradable pour effectuer ces tâches, et videz l'eau sale dans un trou suffisamment loin du cours d'eau.

✦ Ramassez vos ordures

Ne laissez rien sur le lieu de campement, et ne brûlez ou n'enfouissez aucun déchet. Il est aussi important de respecter les consignes du site de campement quant à l'élimination de vos déchets (heures de sortie, point de chute, etc.).

✦ Respectez la faune et la flore

Votre campement devrait respecter au maximum l'habitat naturel. Essayez de le laisser dans le même état que vous l'avez trouvé : évitez donc de couper des branches, d'écraser les plantes, de déplacer les troncs ou les roches qui s'y trouvent.

✦ Utilisez des produits non chimiques pour le réservoir des eaux usées de votre véhicule récréatif

« Bon nombre de propriétaires de véhicule récréatif (VR) utilisent sans le savoir des produits chimiques toxiques dans les installations sanitaires de leurs véhicules et ne connaissent pas les conséquences de leur utilisation. Par exemple, certains de ces produits peuvent causer des problèmes dans les fosses septiques des terrains de camping, ce qui augmente la possibilité de contamination du sol ainsi que de l'eau souterraine et de surface. En outre, il y a des risques possibles pour la santé de toutes les formes de vie, y compris celle des individus qui utilisent ces produits[19]. » Pour obtenir une liste des produits qui ne causent pas de torts à l'environnement, consultez le site de www.campgreencanada.ca.

En camping, respectez l'habitat naturel.

LE RAVITAILLEMENT

✦ Apportez un lunch, peu importe où vous allez

Avez-vous déjà pris la peine d'analyser le contenu d'un cabaret de cafétéria rempli de victuailles pour quatre personnes ? Je ne parle pas ici de l'apport nutritionnel de la nourriture (qui peut vraiment laisser à désirer), mais bien de la quantité de déchets générée par un simple repas. Des emballages graisseux, des verres cartonnés, des ustensiles en plastique. Habituellement, 90 % du contenu du cabaret n'est pas même recyclable, et ça, c'est quand nous ne jetons pas carrément des bouteilles recyclables par faute de trouver un endroit à notre portée pour en disposer.

Faire un pique-nique permet de réduire les déchets.

Chez nous, nous pratiquons l'art des pique-niques. Que ce soit au zoo, au centre commercial ou même en plein milieu du carnaval de Québec, nous emportons notre lunch afin d'éviter de remplir les poubelles de la planète. Pour les enfants, un pique-nique est toujours plaisant. La variété est infinie, contrairement aux restaurants de bouffe rapide qui ont pratiquement toujours les mêmes menus.

Au restaurant

✦ Fuyez les restaurants de type « buffet à volonté »

Les restaurants ou les hôtels qui offrent des buffets à leur clientèle génèrent une quantité incroyable de déchets, consomment plus d'énergie et gaspillent davantage d'aliments. En plus d'être cuisinés, les plats servis doivent être maintenus à une température adéquate, ce qui requiert un surcroît d'énergie. Après un certain temps, les règles les plus élémentaires d'hygiène exigent que la nourriture exposée soit obligatoirement jetée, même si cela signifie qu'un bac entier d'ailes de poulet doit se retrouver à la poubelle.

Lorsqu'on se trouve dans un restaurant où l'on sert un buffet, on peut quand même respecter quelques critères afin de minimiser le gaspillage. Tout d'abord, on devrait réutiliser son assiette, même si la pratique veut plutôt qu'on change d'assiette à chaque virée au buffet. Si tout le monde respectait cette consigne, les restaurants auraient moins de vaisselle à laver, ce qui signifierait moins d'eau gaspillée et plus d'énergie conservée. On peut aussi prendre de petites portions de chaque plat convoité afin de ne pas gaspiller les aliments. Le terme « à volonté » signifie qu'on peut retourner au buffet autant de fois qu'on le désire si on a encore faim, et non pas qu'on peut gaspiller comme bon nous semble.

✦ Demandez qu'on vous serve de l'eau ou du pain seulement sur demande

Dans plusieurs restaurants, on vous sert de l'eau et vous apporte un panier de pain automatiquement, dès votre arrivée. Avec de jeunes enfants fatigués et affamés, les quignons de pain sont souvent les bienvenus (parfois, c'est la seule chose qu'ils mangent !). Mais la plupart du temps, le panier demeure intouché et les verres d'eau ne seront pas tous consommés. Même si ces denrées sont offertes gracieusement, elles ne sont pas gratuites pour autant. Avisez votre serveur dès votre arrivée de vos besoins, afin qu'il y ait le moins de gaspillage possible.

✦ Évitez de commander des repas à emporter

Quand on achète un repas à emporter, on achète une quantité étonnante de vidanges. Petits ustensiles en plastique emballés, minuscules sachets de sel, de vinaigre ou de ketchup, salade de chou emballée dans de la styromousse, pain enrobé de cellophane, etc. Si on pesait d'un côté le volume du repas et, de l'autre, le volume des déchets générés, on verrait que cette formule n'a aucun sens.

Si vous optez pour des commandes à emporter, essayez de réduire au minimum les déchets, par exemple en avisant le restaurateur que vous n'avez pas besoin d'ustensiles (apportez les vôtres). Car même si le restaurateur certifie que les ustensiles et l'emballage sont biodégradables ou qu'ils peuvent être compostés (comme c'est le cas des rôtisseries St-Hubert), il n'en demeure pas moins que cela constitue un gaspillage de ressources, tous ces objets étant utilisés une seule fois avant d'être acheminés aux ordures ou au compost. Si vous n'avez pas l'intention de manger la sauce, le pain, la salade ou le dessert fournis avec le repas, indiquez-le afin de ne pas gaspiller inutilement. Enfin, voyez s'il ne serait pas possible d'emporter vos propres contenants – si vous achetez des patates frites à la cantine du coin, par exemple, nul besoin de gaspiller des sacs de papier ou une boîte de carton alors qu'on peut très bien placer les frites dans un récipient qui provient de chez vous. La douzaine de beignes du samedi matin ? Laissez tomber la traditionnelle boîte en carton et apportez votre plat en plastique !

✦ **Choisissez des portions familiales à partager**

Ainsi, plutôt que d'avoir à balancer trois ou quatre verres en carton à la poubelle après le repas, un ou deux pourraient suffire. On peut appliquer le même principe avec les frites (allez-y, laissez-vous tenter par le format jumbo-méga-cochon, mais prenez-en un seul pour toute la famille), avec les boules de crème glacée (servies dans une coupe, sinon tout le monde lèche la même boule !) et, bien sûr, avec la pizza (moitié pepperoni et fromage, moitié toute garnie).

Les portions familiales limitent la quantité de déchets produits.

LES OCCASIONS SPÉCIALES

Halloween, Noël et les autres fêtes

Halloween, Noël et Pâques sont de très belles fêtes si l'on considère à quel point cela enrichit l'imaginaire des enfants grâce aux histoires qu'on leur raconte, aux activités qu'on prépare avec eux, aux moments magiques partagés. Toutefois, il s'agit aussi de fêtes où il s'effectue normalement beaucoup de gaspillage et de consommation à outrance. À l'Halloween, on s'approvisionne en décorations, on achète des bonbons emballés individuellement en grosses quantités, on se procure à la dernière minute un costume de mauvaise qualité qui ne sert qu'une seule fois. À Noël, on fait la course frénétique aux joujoux bon marché et aux frivolités qui peuvent s'entasser dans le bas de Noël, et on se creuse les méninges pour trouver un gadget qui ne figure pas encore dans les armoires de la belle-mère (entre sa machine à espresso dont elle ne s'est jamais servie et le pichet à sangria avec verres assortis).

Pour vraiment savourer ces fêtes, plusieurs diront qu'il faut avant tout créer des traditions et des souvenirs plutôt que de chercher à simuler une abondance matérielle. Nos petits chéris se souviendront bien plus des biscuits de pain d'épices cuisinés avec maman année après année que des jouets entassés au pied du sapin. Voici quand même quelques conseils afin de rendre ces fêtes plus écolos, en ne sacrifiant rien du plaisir.

✦ Un sapin de Noël réutilisable ou un sapin naturel ?

Une chasse au sapin de Noël chez un cultivateur local.

Comme pour les couches, la décision de choisir un sapin naturel ou en plastique mérite réflexion puisque les deux options ont des avantages et des inconvénients d'un point de vue environnemental.

On a tendance à penser que l'achat d'un sapin de Noël naturel n'est pas bon pour l'environnement puisqu'il constitue un bien à usage unique. C'est vrai, un sapin moyen de sept pieds prend treize ans avant d'arriver à maturité[20], puis trône durant seulement deux ou trois semaines seulement au salon. En Amérique du Nord, c'est le sort réservé aux 40 millions de sapins naturels qui sont vendus chaque année. Cela signifie que des tonnes de sapins sont balancés aux ordures après n'avoir servi qu'une seule fois. Cependant, les sapins naturels transforment le CO_2 en oxygène en poussant. Les plantations de sapin constituent donc un allié dans le combat aux gaz à effet de

serre. Les sapins naturels sont entièrement biodégradables, ce qui n'est pas le cas des sapins en
plastique. Enfin, comme plusieurs producteurs en
élèvent ici même au Québec, l'achat d'un sapin
naturel contribue à l'économie locale.

Si vous optez pour un sapin naturel, choisissez-en
un qui convient à vos besoins. Par exemple, votre
famille a-t-elle réellement besoin d'un sapin de huit
ou neuf pieds ? Vérifiez auprès de votre municipalité si elle recycle les sapins et assurez-vous de le
mettre au chemin à la date prévue pour la collecte.
Votre arbre sera transformé en compost ou en
copeaux. Attention : pour que votre sapin puisse
être recyclé, il faut éviter de le vaporiser avec de la
neige artificielle ou de le garnir de glaçons scintil-
lants qui s'emmêlent aux branches.

De son côté, le sapin artificiel, fait de plastique
généralement, requiert beaucoup d'énergie pour
sa fabrication et prend plusieurs centaines
d'années à se décomposer. Mais si vous choisissez
un sapin en plastique, il peut durer toute une vie
(un de mes oncles a récupéré le sapin de Noël de
ma grand-mère, et il est encore en très bon état
malgré ses quarante années de service). Évitez
donc de succomber à la tentation des modes et
choisissez un modèle très sobre (donc pas de sapin
rose ou bleu), afin de ne pas avoir à le changer au
bout de cinq ans.

✦ **Des bas de Noël écolo ?**

Les cadeaux importants étant plutôt emballés et
placés sous le sapin, le bas de Noël se retrouve
donc la plupart du temps... rempli d'objets

futiles et inutiles. Voici quelques idées afin d'offrir des bas de Noël plus respectueux pour l'environnement :

— n'emballez pas les objets qui se trouvent dans le bas, le bas constitue un emballage suffisant ;

— il n'est pas nécessaire de remplir le bas au ras bord ;

— insérez dans le bas des objets ou des gâteries qui serviront vraiment : des piles rechargeables, un chèque-cadeau, une paire de bas rigolos, un savon biodégradable, une ampoule fluocompacte, une brosse à dents comique, des sachets de graines biologiques pour le jardin, et pourquoi pas un mot d'amour ?

— profitez du bas de Noël pour faire découvrir aux membres de votre famille des objets écologiques qu'ils ne connaissent ou ne possèdent pas : du chocolat équitable, un livre sur le compostage, un aérateur pour l'évier de cuisine, une veilleuse ou une lampe de poche qui emploie la technologie DEL, des serviettes de table en coton biologique ou en chanvre, un abonnement à une revue sur l'environnement ou la consommation responsable, etc.

✦ Fabriquez des décorations maison

Les magasins regorgent de décorations pour souligner toutes ces belles fêtes. Citrouilles en plastique, couronnes de cocottes, paniers de Pâques, tout cela est bien joli et pratique puisqu'on parvient à transformer la maison en moins de deux. En fabriquant nos propres décorations (tiens, pourquoi pas avec l'aide des enfants, ça stimulera leur créativité), on peut éviter des achats inutiles de bric-à-brac qui s'entassera dans le sous-sol en attendant l'année prochaine. Avec un peu d'imagination, on peut en profiter pour transformer des objets qui étaient destinés au recyclage ou encore utiliser des choses qu'on a sous la main et qu'on pourra conserver par la suite. Quelques exemples ? Un épouvantail en vieux linge bourré de feuilles d'automne, des fantômes en sacs de plastique, des décorations pour le sapin de Noël (n'importe quoi peut faire l'affaire, on utilise le carton des boîtes de céréales ou des rouleaux de papier hygiénique que l'on peinture et décore), des guirlandes, des affiches, des cocos de Pâques naturels, des dessins d'enfant.

Des décorations maison
pour le sapin.

✦ **Des bonbons d'Halloween écolos ?**

On peut, si on s'en donne la peine, trouver des bonbons d'Halloween qui seront moins néfastes pour l'environnement et qui risquent fort d'être appréciés des enfants. Donner une pomme du verger voisin aux petits costumés ? Quand même pas, on gâcherait un peu la fête ! On peut plutôt songer à offrir du chocolat équitable (ça existe en petites bouchées enveloppées individuellement), des bonbons en sucre d'érable ou au miel (de fabrication locale). La compagnie ontarienne Pure Fun se spécialise dans la fabrication de bonbons biologiques et équitables faits à partir d'ingrédients naturels (comme le sirop de riz brun, plus nutritif que le sucre).

Une autre option pour éviter le gaspillage est de distribuer moins de bonbons et de limiter la quantité de bonbons que récoltent les enfants (car on ne veut pas nécessairement qu'ils mangent tout !). Enfin, évitez d'emballer les bonbons dans des petits sacs à surprise. Une poignée de bonbons, ça suscite la même joie chez les enfants, et ça évite de gaspiller des petits sacs en plastique ou en papier pour rien.

+ **Un peu de respect pour votre citrouille !**

L'Halloween, c'est un peu la fête de la citrouille. Comme la citrouille est un fruit peu dispendieux que les enfants adorent décorer, toutes les maisons en ont au moins une sur leur balcon la veille de la Toussaint. Une fois la fête passée, on voit de nombreuses citrouilles déchues dans les poubelles. La citrouille a été cultivée, arrosée et transportée jusque chez vous. Le fait de la jeter aux vidanges après une maigre utilisation constitue un gaspillage de ressources et d'énergie.

Les citrouilles : bien plus que de simples décorations !

La citrouille est avant tout un fruit qui renferme d'excellentes propriétés nutritives. « Grâce à sa haute teneur en caroténoïdes (dont la bêta-carotène, la lutéine et la zéaxanthine), elle aide à prévenir certains cancers et à maintenir une bonne santé des yeux. Elle contient également une foule de vitamines et minéraux et très peu de calories[21]. » Il existe mille et une façon de l'apprêter, que ce soit en potage, dans des pâtes, en muffins, en biscuits, en tarte ou en légume d'accompagnement.

Tapez « recette » et « citrouille » dans un engin de recherche sur Internet, et vous trouverez mille et une idées pour cuisiner ce fruit.

Afin de vous assurer que votre citrouille sera encore comestible une fois les bonbons distribués, attendez à la veille de l'Halloween pour la découper, ou contentez-vous d'y dessiner au crayon de feutre un masque épeurant. Si vous n'avez pas le temps ou l'envie de cuisiner votre citrouille, offrez-la à un organisme ou à des amis. Si malgré tous vos bons soins et votre bonne volonté, votre citrouille n'est pas mangeable, faites-lui au moins l'honneur d'engraisser votre tas de compost.

✦ Le lapin de Pâques peut-il être vert ?

Quand vient le temps de choisir les gâteries que le lapin de Pâques laissera derrière lui, il est important de tenir compte de l'emballage du produit autant que de la qualité du chocolat. En effet, tout comme pour les bonbons d'Halloween, le principal défaut des friandises qu'on reçoit pour Pâques réside dans leur emballage superflu. Pensez-y : un animal chocolaté (souvent vide à l'intérieur) maintenu en place par un moule en plastique et une boîte de carton surdimensionnée... En moyenne, un chocolat de 200 grammes est enrobé de 54 grammes de carton et de 2 grammes de papier aluminium – c'est presque le tiers du poids du produit.

Il est possible de faire des choix plus éclairés. Notamment, on peut fabriquer soi-même ses chocolats et les offrir dans des contenants réutilisables. Ma mère, par exemple, fait des suçons en chocolat pour les enfants. L'avantage de les fabriquer soi-même est qu'on peut utiliser du chocolat de meilleure qualité que celui que l'on retrouve habituellement dans le commerce à Pâques. On peut même réutiliser les moules en plastique des chocolats qu'on a reçus antérieurement pour en faire des nouveaux, si on a pris la peine de les conserver (notez que la sorte de plastique utilisée dans les emballages de chocolat de Pâques n'est souvent pas recyclable).

Recherchez donc les produits qui sont le moins emballés, et optez pour du chocolat biologique, équitable et à haute teneur en cacao (c'est meilleur pour la santé des enfants).

Des cadeaux plus verts

✦ Utilisez des sacs-cadeaux pour vos emballages

Une boîte cadeau et un ruban réutilisables.

Le papier d'emballage est généralement fabriqué à partir de fibres non recyclées. Quand on songe que celui-ci prend habituellement le chemin du recyclage (certains papiers moins chanceux finissent leurs jours à la décharge municipale) sitôt le cadeau développé, on ne peut que qualifier cette pratique de « gaspillage ». Si vous employez des sacs-cadeaux ou des boîtes décoratives, il vous sera possible de les récupérer et de les réutiliser lors d'une autre fête. La même chose s'applique aux rubans et aux choux décoratifs : choisissez des rubans en tissu que vous pouvez réutiliser plutôt que des rubans jetables.

✦ **Offrez des cadeaux qui ne s'enveloppent pas**

On peut offrir de belles gâteries comme un souper au restaurant du coin, un chèque-cadeau pour un spa, un bon d'achat chez un marchand local (fromager, fleuriste). On peut inscrire le fêté à un cours ou l'abonner comme membre à un musée, un zoo ou un parc d'attractions qu'il aime bien. On peut faire un don en son nom à une organisation caritative qu'il affectionne. J'ai déjà reçu un poirier de mon conjoint à Noël ; il l'avait déniché dans une pépinière, au moment des soldes d'automne, et l'arbre avait hiberné dans notre cabanon jusqu'au printemps. Nous avons déjà offert à notre beau-père une photo d'un plant de tomates de notre jardin ; c'était *son* plant, mais on s'engageait à l'entretenir et à lui remettre les tomates au fur et à mesure qu'elles mûrissaient (dans les faits, on a dû emprunter des tomates des autres plants autour, car le sien n'avait produit que quatre fruits...). Toutes ces idées-cadeaux peuvent être offertes avec un minimum d'emballage, ce qui est mieux pour l'environnement.

Certains cadeaux n'ont pas besoin d'être enveloppés pour être appréciés. Par exemple, on peut très bien se servir d'un panier ou d'une belle serviette pour dissimuler un cadeau. Moyennant quelques rubans (réutilisables, il va sans dire), le cadeau n'en sera pas moins festif !

✦ **Offrez des produits équitables ou bios**

Les produits équitables et bios sont parfois légèrement plus dispendieux que les autres produits.

Pour cette raison, les produits équitables ou bios constituent pour certaines personnes des petites gâteries qu'elles ne s'offrent qu'en des occasions spéciales. Alors, allez-y, offrez-leur du café ou des tisanes équitables, du chocolat ou des fromages bios. Ils seront ravis !

Pourquoi acheter des produits équitables ?

À la base, le commerce équitable est une façon de s'assurer que les producteurs et agriculteurs ne sont pas exploités et qu'ils peuvent couvrir raisonnablement leurs coûts de production. Mais quel impact cela a-t-il sur l'environnement, à proprement parler ?

Pour pouvoir offrir le café à un prix compétitif, la plupart des producteurs doivent défricher massivement afin d'implanter des monocultures de café, utiliser des pesticides en abondance et employer des engrais chimiques pour pallier la culture intensive du sol. Ces pratiques causent des torts effarants à l'environnement, et peu de pays disposent de législations pour les encadrer. Or, « la majorité des coopératives impliquées dans le commerce équitable pratiquent une agriculture biologique (sans utilisation de pesticides ni d'engrais chimiques) et contribuent à la conservation de la biodiversité en cultivant le café sous le couvert des forêts[22]. »

Ainsi, encourager le commerce équitable est une bonne façon de prendre soin de notre planète. Au Canada, il faut rechercher le logo TransFair pour s'assurer qu'un aliment respecte bien les standards du commerce équitable. À l'heure actuelle, les denrées habituellement disponibles sur notre marché sont le café, le thé, le sucre, le cacao, le chocolat, les bananes, la cassonade, le quinoa, le coton, le riz ainsi que plusieurs produits d'artisanat.

✦ Offrez des cadeaux fabriqués localement

Il existe une multitude d'artisans qui œuvrent près de chez nous, que ce soit dans le domaine agricole, de la transformation des aliments, de l'artisanat ou des services. Offrir un cadeau qui a été fabriqué près de chez nous est une belle façon de soutenir l'économie locale, et c'est souvent apprécié par la personne qui le reçoit. Voici quelques idées-cadeaux de produits fabriqués localement que je peux trouver à quelques minutes de chez nous (et que j'ai déjà offerts) : des savons biodégradables faits à la main de la boutique Les Soins corporels l'herbier, des saucisses fraîches du Saucisson vaudois, du magret de canard séché des Champs d'Élisé, un fromage bio de Au Gré des Champs, de la gelée aux pommes et aux framboises des Vergers Charbonneau, de délicieux chocolats de la Cabosse d'Or. Il y a sûrement des tonnes d'idées-cadeaux tout près de chez vous, alors encouragez les artisans locaux.

✦ Offrez des objets de seconde main

Pourquoi ne pas offrir des livres, des cédéroms, des jeux ou des babioles d'occasion ? J'ai déjà pu offrir à ma mère trois livres d'une même série plutôt qu'un seul tome parce que je les avais repérés dans une bouquinerie. À ma belle-mère, on avait déniché une belle cuillère de service en argenterie dans une brocante. Les jeunes enfants, surtout, ne voient habituellement pas de diffé-rence entre un jouet usagé et un jouet neuf (pourvu que tous les morceaux soient là). Beaucoup des jouets que nous offrons à Noël à nos enfants ont déjà servi à d'autres. Comme ils croient encore au père Noël, ils ne semblent pas se formaliser du fait qu'ils ne se retrouvent pas dans leur emballage original.

✦ Faites des échanges de cadeaux

Moins on consomme, mieux on préserve les ressources. Ainsi, le concept des échanges est une option environnementale intéressante puisqu'on offre moins de cadeaux. Plusieurs familles font déjà des échanges de cadeaux afin d'alléger les dépenses pendant le temps des fêtes. Pourquoi ne pas appliquer ce concept à toutes les fêtes de l'année ?

✦ Fabriquez vous-même vos cadeaux

Une année, mon conjoint et moi avons organisé l'échange de cadeaux annuel dans sa famille. Nous avions imposé une règle à tous les participants : tous les cadeaux devaient être faits à la main. On a vraiment pu voir briller les talents de chacun : des biscuits et des truffes, une couverture molletonnée cousue à la main, une nappe crochetée, des verres peints à la main, un foulard tricoté, une chaise berçante décapée, un livre personnalisé. Certains avaient trouvé la mission difficile, mais tous avaient avoué s'être beaucoup amusés.

✦ Délaissez la tradition des cartes de fête

Au départ, j'ai cessé d'offrir des cartes de fête purement par paresse et par économie. L'achat d'une carte venait parfois gruger cinq dollars du budget du cadeau ! Je perdais un temps fou à éplucher le choix de cartes dans un magasin afin de trouver « la » carte qui ne serait ni trop drôle ni trop insignifiante. Quelle corvée ! Depuis, j'ai constaté avec joie que le fait de ne pas donner de carte s'insérait en plus dans la philosophie écologique puisque cela permettait de gaspiller moins de papier. Et puis, quand est-ce la dernière fois qu'un enfant a *volontairement* pris la peine de déballer une carte avant son cadeau ? Disons que la carte est toujours secondaire, donc vraiment pas nécessaire. Si, par contre, vous avez un message qui doit absolument passer par une carte de vœux, pourquoi ne pas la faire vous-même ou envoyer des vœux électroniques ? On peut aussi trouver des cartes fabriquées à partir de papier recyclé si l'on s'en donne la peine.

✦ Offrez des plantes en pot plutôt que des fleurs coupées

À la fête des Mères, à la Saint-Valentin ou à Pâques, quoi de plus plaisant que de donner ou de recevoir de belles fleurs colorées ? En donnant des fleurs en pot, elles auront l'avantage de se conserver plus longtemps et de pouvoir être transplantées à l'extérieur le printemps venu. Les plantes à bulbe en pots sont donc une excellente option, en plus d'être faciles à trouver puisqu'on en vend même en épicerie.

Des fleurs qui durent.

Il est aussi possible de trouver des fleurs biologiques, c'est-à-dire qui n'ont nécessité aucun pesticide pour leur élevage. Consultez le site www.sierraeco.com pour obtenir une liste des fleurs cultivées de manière responsable et pour dénicher un fleuriste qui vend des fleurs écologiques dans votre région.

Les fêtes d'enfants

Quand j'ai mentionné à mon conjoint que je traiterais des fêtes d'enfants dans ce guide, il m'a regardée d'un air consterné et s'est tout de suite inquiété. C'est qu'il connaît bien mon opinion à ce sujet, et qu'il sait que mes propositions ne soulèveront probablement pas l'enthousiasme général.

En effet, lorsque notre premier garçon est né, nous avons vite été confrontés au «problème» des fêtes d'enfants. D'une part, j'étais contre l'idée (j'avoue que c'est plutôt de la paresse, ça me semble si compliqué à organiser!). Un enfant de un ou deux ans apprécie-t-il vraiment une fête où l'on invite tous les enfants du voisinage? Comprend-il les blagues du magicien et se souvient-il vraiment que le énième jouet déballé lui a été offert par sa cousine?

Un gâteau de fête
(non sans gaspillage!).

J'ai aussi tout de suite remarqué l'effet insidieux que ces fêtes pouvaient avoir sur notre comportement de consommateur. Comme nous avions été invités à plusieurs fêtes d'enfants au courant de l'année, il aurait été tout naturel d'en faire une nous aussi. Il nous aurait fallu nous aussi acheter de la vaisselle jetable de super héros, des sacs à surprises pour chaque enfant, des décorations éphémères. Très vite, nous avons choisi de décliner les invitations aux fêtes d'enfants afin de ne pas créer des attentes chez les nôtres, de même que pour nous simplifier la vie.

Ceci étant dit, je suis bien consciente que la majorité des parents n'oseront pas emprunter cette voie. Faire des fêtes, après tout, c'est si agréable. Voici donc quelques conseils faciles à suivre qui vous permettront d'organiser des fêtes d'enfants plus écolos.

✦ N'utilisez pas de vaisselle jetable

Dans la section « fête d'enfants » des supermarchés, il est facile de se laisser tenter par de la vaisselle et des ustensiles colorés à l'effigie du personnage préféré de notre petit bout de chou. Une fête d'enfants de quinze personnes consommerait ainsi *au minimum* quinze verres en plastique, trente assiettes cartonnées (une pour le repas et une pour le dessert) et une cinquantaine d'ustensiles jetables – de quoi remplir un sac-poubelle entier. On craint de manquer de vaisselle pour nos invités ? Pourquoi ne pas plutôt opter pour des assiettes et des verres réutilisables qu'on sort seulement lors des occasions spéciales et qui conservent ainsi leur aspect festif ? Au bout du compte, cet investissement sera sûrement rentable (surtout si on fait beaucoup de fêtes !).

✦ Optez pour des décorations durables

Les décorations de fête d'enfant peuvent servir de nouveau au courant de l'année si l'on prend la peine d'investir dans des matériaux et des objets durables. Idéalement, on se tiendrait loin des ballons gonflés à l'hélium, dont la durée de vie est si courte que le ballon dégonfle avant même que les invités soient partis. De toute façon, les ballons posent un risque pour la santé des petits enfants :

« Un ballon non gonflé ou des fragments de ballon éclaté peuvent obstruer les voies respiratoires de l'enfant[23]. »

Investissez dans une bannière décorative qui peut être réutilisée plutôt que dans des banderoles éphémères en papier crêpe. Les *piñatas* sont bien amusants, mais ils ne peuvent être utilisés de nouveau. Les chapeaux et les crécelles peuvent quant à eux être conservés pour un second usage, de même que les chandelles sur le gâteau.

✦ Ne faites pas de sacs à surprise pour chaque enfant

Les petits sacs à surprise font maintenant partie du paysage des fêtes d'enfant, au même titre que le gâteau et les cadeaux. On les remplit de babioles glanées dans les magasins à un dollar et de jouets dont les enfants n'ont pas vraiment besoin. L'idée, c'est de divertir les enfants et de les amuser pendant la fête afin de montrer qu'on apprécie leur présence, et non pas de les inonder de bagatelles qui susciteront un intérêt passager.

Pourquoi ne pas offrir plutôt aux enfants des bricolages ou des gâteries faits maison ? Par exemple, des bracelets d'amitié, une photo des amis dans un cadre bricolé maison (genre *scrapbooking*, mais avec des matières recyclées), des figurines en pâte à sel, des chocolats amusants en forme d'animaux. On peut se procurer des moules pour faire du chocolat dans les magasins de cuisine et utiliser du chocolat équitable plutôt que des pastilles chocolatées sans saveur. De plus, la confection des surprises constitue une activité facile et agréable à faire avec son enfant. On peut aussi organiser une chasse au trésor ou un tirage, et ne donner qu'une seule surprise.

✦ Immortalisez vos souvenirs sans gaspiller

L'utilisation des caméras jetables constitue une source de gaspillage considérable puisque, en plus de devoir vivre avec les résultats souvent médiocres des photos développées à l'aide de ces appareils, il faut aussi considérer les déchets générés par l'emballage et l'appareil lui-même. Leur utilisation est donc à éviter.

Avec les caméras conventionnelles, on court aussi le risque que la photo ne soit pas bonne, alors on se limite à deux ou trois photos de notre bébé en train de « flatter » le minou. À cet égard, les caméras numériques sont merveilleuses à tous les points de vue, puisqu'on peut prendre un nombre illimité de photos de la même grimace d'enfant sans rien gaspiller. On ne fait imprimer que les photos qui plaisent vraiment, et on conserve les autres sur notre ordinateur ou un disque compact.

Si on préfère conserver sa bonne vieille caméra traditionnelle (ce qui en soi est déjà un excellent geste pour l'environnement, surtout si elle fonctionne encore parfaitement), on peut limiter les déchets en optant, par exemple, pour des rouleaux de film de trente-six poses plutôt que ceux de douze ou de vingt-quatre. On élimine ainsi une partie du problème des déchets produits par l'emballage, et on sauve sur le prix.

LE MILIEU DE GARDE OU L'ÉCOLE

Lorsque le respect de l'environnement nous tient à cœur, on souhaite normalement que notre enfant reçoive une éducation qui reflète cette valeur. Outre les préoccupations en lien avec le programme éducatif de l'école du quartier ou la liste d'attente du centre de la petite enfance le plus près de chez vous, voici quelques pistes de réflexion afin de mieux choisir l'endroit que fréquentera votre enfant.

✦ **Choisissez un milieu de garde ou une école qui partage votre intérêt pour l'environnement**

La conscience écologique devrait figurer au nombre des critères qui orientent notre décision lorsqu'il s'agit de choisir une garderie ou une école (au même titre que la proximité, le programme éducatif, la compétence des éducateurs, les valeurs). Voici quelques questions à poser pour vous aider à fixer votre choix :

– La garderie composte-t-elle les résidus organiques ?

Cinquante petits bouts de chou dans une seule garderie, ça fait beaucoup de pelures de banane aux poubelles après la collation. Plusieurs écoles ou garderies possèdent un ou plusieurs composts, ce qui permet de diminuer la quantité de déchets produits par l'établissement. Le compostage constitue d'ailleurs une belle activité éducative pour les enfants.

– La cafétéria utilise-t-elle de la vaisselle et des ustensiles lavables ?

— Incite-t-on les enfants à recycler en mettant à leur disposition des corbeilles à cet effet ? Sont-ils impliqués régulièrement dans des projets de recyclage et de revalorisation (comme des collectes de cannettes, des bricolages écolos, etc.) ?

— Les communications aux parents ou les photocopies sont-elles faites recto verso ?

— Peut-on apporter des couches en coton à la garderie ?

Certaines écoles impliquent les élèves dans des projets de recyclage.

De nombreux milieux de garde refusent d'utiliser les couches lavables que leur apportent les parents sous prétexte que la gestion des couches pour 5, 6 ou 8 enfants leur causerait une surcharge de travail. Une amie m'a même avoué que sa gardienne n'en voulait pas parce qu'elle n'avait pas suffisamment de place pour les seaux de trempage.

Il est important de mettre tout en œuvre pour faciliter la tâche des éducatrices, dont la responsabilité première est de s'occuper des enfants. Le fait que mon enfant portait des couches de coton à la garderie avait d'ailleurs orienté mon choix vers un modèle de couche qui s'enfile plus aisément (avec un survêtement de nylon intégré et des attaches en velcro comme pour les couches de papier). Je m'étais également assurée au préalable que je pouvais apporter des couches lavables en consultant la directrice de l'installation que je considérais. Je me suis ensuite entendue avec les éducatrices afin de voir comment on pouvait procéder, et nous avons convenu d'un système très simple : elles rangent simplement les couches souillées dans un sac imperméable en nylon que je leur fournis, sans les laver ni les faire tremper. Le soir, je récupère les couches utilisées et j'en rapporte une quantité suffisante le lendemain.

+ **Trouvez un établissement d'enseignement vert**

Une bonne façon de vérifier si l'école que fréquente votre enfant est écologique est de voir si l'établissement a remporté un prix ou a eu droit à une mention spéciale dans le cadre d'un projet écolo. Au Canada, le prix EcoKids est décerné chaque année à une école qui s'est le plus distinguée pour ses efforts en matière d'environnement. L'année dernière, c'est l'école primaire de la municipalité de Sainte-Angèle-de-Monnoir qui en a été lauréate – toute une distinction pour une ville de moins de 2 000 résidents ! On peut obtenir des renseignements sur les diverses activités écologiques qui ont cours dans de nombreux établissements d'enseignement primaire au Canada sur le site www.ecokids.ca.

Outre les mentions honorables que remportent les écoles, on peut aussi vérifier si un établissement détient une certification ou est membre d'un programme qui soutient le développement durable. On peut notamment obtenir une liste des établissements qui font partie du projet Établissement vert Bruntland. Un établissement scolaire membre du mouvement Bruntland est « un lieu où l'on pose des gestes concrets et continus en faveur des 6R, afin de contribuer à créer un monde écologique, pacifique, solidaire et démocratique[24]. » Il existe aussi une certification Cégep Vert du Québec, décerné par l'organisme ENvironnement JEUnesse. La certification Cégep Vert du Québec permet de déterminer quels collèges et cégeps ont développé une politique environnementale. Actuellement, le Québec dénombre vingt-cinq institutions certifiées. On peut obtenir la liste des collèges et cégeps participants, ainsi que leur niveau de participation, sur le site www.enjeu.qc.ca.

✦ Optez pour une garderie ou une école près de chez vous

Puisque votre enfant devra fréquenter son milieu de garde ou son école cinq jours par semaine, la question de l'emplacement prend toute son importance. Considérez les établissements qui sont le plus près de chez vous afin de minimiser le transport nécessaire pour s'y rendre. Si cela n'est pas possible (vous habitez un milieu rural par exemple), profitez du fait que vous allez chercher ou mener vos enfants pour combiner des courses ou des rendez-vous (dentiste, médecin, changement d'huile au garage, etc.).

Considérez les établissements qui sont le plus près de chez vous.

✦ Participez aux conseils d'administration et aux conseils d'établissement

Si vous fréquentez une garderie ou une école qui ne répond pas tout à fait à vos attentes, joignez-vous au conseil d'administration afin de faire valoir votre point de vue. Le conseil d'administration d'une garderie détermine l'orientation générale et les valeurs qui sous-tendent l'organisme. Il en est de même pour les conseils d'établissement des écoles. En siégeant au conseil, vous êtes en mesure de mieux connaître les rouages de l'organisme et de partager vos idées. C'est l'endroit idéal pour discuter de diverses stratégies visant à rendre plus écolo l'environnement que fréquente votre enfant quotidiennement.

✦ Privilégiez les fournitures scolaires écologiques

La majorité des parents n'ont que très peu de latitude quand vient le temps de « choisir » les articles nécessaires pour la rentrée scolaire, la liste de fournitures étant normalement très précise. Si certains articles sur la liste ne vous conviennent pas et que vous aimeriez savoir s'il est possible de trouver une solution de rechange, vous pouvez toujours vous adresser à l'école. C'est en faisant valoir vos préoccupations et votre point de vue que les établissements d'enseignement pourront mieux s'adapter.

Avant de vous ruer vers le magasin, commencez par faire le tour de vos armoires et de vos tiroirs afin de déterminer quel matériel vous possédez déjà. Les effets scolaires peuvent très bien servir d'une année à l'autre, puis être légués à un enfant plus jeune.

Lors de l'achat, vous pouvez sélectionner des fournitures scolaires plus écologiques (si la fameuse liste le permet, bien sûr). Notamment, on peut se procurer des crayons en bois naturel qui ne sont ni teints ni vernis, ce qui est mieux pour l'environnement. Le porte-mine est aussi une bonne solution :

bien que le porte-mine ait nécessité plus de matières premières pour sa conception initiale, le fait qu'il soit rechargeable lui assure une durée de vie plus longue et le rend donc intéressant du point de vue écologique moyennant qu'il ne se brise pas après quelques semaines d'utilisation. On peut se procurer une calculatrice qui fonctionne à l'énergie solaire plutôt qu'à pile, une trousse en cuir ou en tissu plutôt qu'en plastique (pour la durabilité) et des stylos « BeGreen » de la marque populaire Pilot, qui sont faits de plastique 100 % recyclé.

Pour le papier, on peut trouver des feuilles lignées recyclées, de même que d'autres fournitures de la sorte, auprès de la Coop la Maison verte de Montréal (www.cooplamaisonverte.com), de Eco2Bureau (www.eco2.ca), où l'on retrouve aussi des cartouches d'encre recyclées. On peut se procurer d'autres articles recyclés (des règles, des sacs, des crayons, etc.) sur le site de www.recycled.ca.

Dans la boîte à lunch

La boîte à lunch écolo constitue un réel défi pour tout parent. Premièrement, on manque souvent de temps pour préparer le dîner du lendemain pour nos enfants, alors on se rabat sur les portions individuelles emballées du commerce, si pratiques pour le transport et qui font la joie de ceux qui les avalent. Déjà, malgré leur jeune âge, nos enfants sont sensibilisés aux marques et aux apparences, et il n'est pas toujours facile pour eux de devoir se démarquer de leurs pairs avec des lunchs qui sortent de l'ordinaire (parlez-en à mon conjoint, qui frémissait à l'idée de sortir son sandwich au pain brun

Des contenants réutilisables pour la boîte à lunch.

quand il était petit, car tous ses camarades avaient du « bon » pain blanc). Dans l'ensemble, il nous faut faire preuve de patience et d'astuce, et tenter de faire valoir à nos enfants que les sauterelles qu'ils aiment attraper et les fleurs qu'ils aiment humer font partie d'un écosystème délicat qui réagit très mal à la présence d'emballages en plastique, de cellophane et de boîtes de jus.

✦ Emballez le lunch dans un sac réutilisable

Utilisez un sac en toile ou un sac thermos réutilisable pour emballer les lunchs plutôt que d'employer des sacs en papier brun ou en plastique. Encore mieux, dénichez un sac fabriqué à partir de plastique recyclé ou procurez-vous une boîte à lunch dans un magasin d'articles usagés.

✦ Évitez d'utiliser des sacs en plastique pour les sandwichs, les biscuits ou les crudités

En choisissant des contenants réutilisables, on minimise la quantité de déchets qui proviennent habituellement de l'emballage des aliments. Le désavantage des contenants réutilisables est qu'ils prennent plus de place dans le sac et qu'il devient parfois difficile de tout contenir. Procurez-vous donc de petits contenants de différents formats ou des contenants compartimentés spécialement adaptés aux lunchs.

✦ N'achetez pas de jus en boîte ni de cannettes de boisson

Plusieurs écoles disposent de systèmes de récupération pour les canettes, mais pas nécessairement pour les boîtes de jus. Mais même si elles sont recyclées adéquatement, la production de cannettes pour les breuvages individuels demeure une industrie extrêmement énergivore. Optez plutôt pour un contenant étanche (du même genre que les gobelets pour bébé) que vous pouvez remplir. Cela a de plus l'avantage d'offrir une plus grande variété dans les boissons qu'on offre.

Quelques données sur le recyclage des cannettes[25]

✦ Les cannettes d'aluminium comportent habituellement jusqu'à 25 % d'aluminium recyclé.

✦ Le recyclage d'une seule canette permet d'économiser suffisamment d'énergie pour faire fonctionner une télévision pendant trois heures.

✦ L'énergie requise pour produire l'aluminium d'une seule cannette d'aluminium est vingt fois supérieure à celle requise pour le recyclage d'une cannette.

✦ Chaque tonne de cannettes recyclées permet de conserver cinq tonnes de bauxite.

✦ Faites le pied de nez aux portions individuelles

Même s'ils sont bios ou équitables, les pots de yogourt ou de pudding au soya et les barres à déjeuner emballées individuellement sont nocives pour l'environnement puisqu'elles génèrent beaucoup de déchets. Achetez de plus grosses portions de yogourt et transvidez-en dans un petit contenant, fabriquez vos propres biscuits, coupez vous-même votre fromage et vos quartiers de pomme – vous y économiserez gros en sous, même si cela requiert plus de temps.

✦ **Incitez votre enfant à rapporter les contenants vides à la maison**

Si vous avez succombé aux portions et emballages individuels pour la boîte à lunch (personne n'est parfait, il n'y a que 24 heures dans une journée après tout !), encouragez votre enfant à rapporter les boîtes de jus et les contenants de yogourt et autres matières recyclables à la maison. Vous pourrez ainsi les nettoyer et les envoyer au recyclage, un moindre mal que de les jeter à la poubelle.

✦ **Ajustez les portions à l'appétit de votre enfant**

Si votre enfant rapporte toujours la moitié de son sandwich à la fin de la journée, c'est probablement parce qu'un sandwich au complet est trop pour lui. Après avoir passé la journée entière dans la boîte à lunch, le restant du sandwich prendra inévitablement le chemin de la poubelle. Ajustez donc les portions en fonction de l'appétit réel de votre enfant afin de limiter le gaspillage.

✦ **Intégrez des aliments non périssables à la boîte à lunch**

Ajoutez un plat de céréales, de granola, de fruits séchés ou de craquelins, qui ne perdra pas en saveur ni en fraîcheur même s'il demeure une semaine dans la boîte à lunch. Demandez à votre enfant de manger d'abord les éléments périssables de son lunch et de conserver ces collations pour la fin, s'il a encore faim. On limite ainsi le gaspillage et on s'assure que notre enfant mange suffisamment, selon son appétit.

Les activités parascolaires

On encourage les enfants à s'inscrire à diverses activités parascolaires, notamment à des activités sportives ou artistiques, qui viennent compléter en quelque sorte la formation générale. Toutefois, si les parents n'y prennent garde, ils sont vite emportés dans un tourbillon de consommation effrénée. Voici quelques pistes afin d'éviter de se retrouver avec des placards remplis de raquettes de tennis, de guitares et de patins inutilisés.

✦ **Empruntez l'équipement nécessaire ou achetez-le usagé**

Votre enfant de sept ans souhaite s'inscrire à des cours de guitare ou de hockey? Fantastique! Vérifiez auparavant auprès de la parenté et des amis s'ils peuvent vous prêter une guitare ou l'équipement de hockey nécessaire. Les enfants grandissent tellement vite que l'équipement n'a jamais le temps d'être usé pleinement, sans compter qu'il arrive trop souvent que les petits se lassent d'une activité et souhaitent en essayer une autre.

En plus des petites annonces, il existe une multitude d'endroits où l'on peut se procurer à rabais des équipements sportifs usagés pour enfants. On y trouve des skis, des vélos, des raquettes, des ballons de soccer, des patins à roue alignés ou des bâtons de golf – dans toutes les grandeurs et à prix modique de surcroît. Tapez « équipement sportif usagé » dans un engin de recherche sur Internet afin de trouver des boutiques près de chez vous. Pour les instruments de musique, le mieux est encore de se fier aux petites annonces sur Internet, comme sur kijiji.com, où l'on recense une quantité incroyable d'articles de musique à vendre par des

Des patins empruntés qui conviennent parfaitement.

particuliers. En tapant « guitare » et « enfant » dans le moteur de recherche du site, on me proposait d'ailleurs deux guitares pour enfant qui avaient été utiliséés quelques mois seulement…

✦ **Achetez de l'équipement fabriqué localement**

Certains articles ne peuvent pas réellement être achetés usagés, comme les bas ou les sous-vêtements de hockey. Grâce au site du Centre de recherche industrielle du Québec (www.icriq.com), on peut recenser quelques fabricants québécois d'équipement sportif. En y effectuant des recherches, on peut ainsi privilégier l'achat de collants et de maillots de danse Mondor, de luges et de planches à neige de la marque Pelican, etc.

Pourquoi acheter local ?

Beaucoup de gens se demandent pourquoi ils devraient acheter des produits locaux, surtout si ceux-ci sont plus chers.

D'une part, acheter des produits locaux, même des produits qui ne sont pas écologiques (comme des jouets en plastique ou des bas de coton non biologiques), c'est quand même un plus pour l'environnement puisqu'il y a économie d'énergie en transport, ce qui se traduit par une réduction des émissions de gaz à effet de serre. L'achat local, c'est bon pour l'économie aussi et ça fait travailler des gens d'ici.

Il faut toutefois faire attention, car certaines compagnies qu'on sait québécoises ont déplacé une certaine partie de leur production en Chine ou ailleurs afin de demeurer concurrentielles. Ainsi, le sac à dos Louis Garneau de mon plus vieux a été fabriqué en Chine, et le sac qui contient les Mega Bloks de mon plus jeune a été fabriqué en Chine également, même si les blocs eux-mêmes ont été faits au Québec. La meilleure chose à faire demeure encore de lire les étiquettes avec soin.

✦ Privilégiez les activités qui requièrent très peu d'équipement

Pour suivre un cours de natation, on a besoin seulement d'un maillot de bain et d'une serviette. Et le même maillot sert pour toutes les baignades, pas seulement lors du cours. Pour jouer au base-ball, on a besoin d'un gant, d'une casquette et d'espadrilles. Les autres pièces d'équipement ont tout avantage à être partagées (comme les balles, les bâtons de baseball et les dossards, qui peuvent être réutilisés par différents enfants d'une saison à l'autre). Certains clubs de soccer offrent aux parents un maillot et un ballon pour leur inscription... mais pas d'entraîneur ! Or, les jeunes enfants n'ont pas besoin d'un maillot spécial : un t-shirt et des shorts font très bien l'affaire. Vérifiez donc avant d'inscrire votre enfant à une activité ce que les coûts d'inscription renferment et fuyez les organisations qui offrent des biens inutiles plutôt qu'un véritable cours.

✦ Refusez de participer aux collectes de fonds pour des projets spéciaux

Que vos enfants soient inscrits aux scouts ou à des cours de danse, il y a fort à parier qu'on vous a sollicité pour soutenir le financement d'une activité ou d'un spectacle de fin d'année. En général, on demande aux parents et aux enfants de vendre à leurs amis, à leur parenté ou à leurs voisins du chocolat ou des calendriers, des articles dont ils n'ont probablement nullement besoin. Voilà une belle façon d'entraîner nos enfants dans l'art de la surconsommation !

Si la campagne de financement est incontournable et que l'enfant tient mordicus à participer à la sortie ou l'activité spéciale, on peut proposer aux organisateurs de simplement défrayer les coûts qui y sont rattachés afin d'éviter à notre enfant de devoir faire la quête dans le voisinage. On peut aussi encourager notre enfant à ramasser l'argent d'une manière plus responsable et écologique, comme en recyclant des bouteilles ou en se privant de certaines petites gâteries auxquelles il est habitué.

Notes

1. Crissy Trask. 2006. *It's Easy Being Green*, Salt Lake City, Gibbs Smith Publisher, p. 21.

2. Santé Canada. « Sécurité des produits de consommation », en ligne : [http://www.hc-sc.gc.ca/cps-spc/advisories- avis/ info-ind/ethylhexyle_f.html] (2 décembre 2007).

3. Vivresansplatique.com. « Les plastiques » en ligne : [http://www.vivresansplastique.com/plastique.htm] (2 décembre 2007).

4. Environmental Working Group. « EWG's Guide to Infant Formula », en ligne : [http://www.ewg.org/reports/infant formula] (15 décembre 2007).

5. Vivresansplastique.com. 2006. en ligne : [http://www.vivre sansplastique.com/panier/biberons.htm] (2 décembre 2007).

6. Les données de cette section sont tirées de : Susan Crawford Beil. « The Diaper Dilemma : The Environmental Cost of Diapers », Punkin-butt, en ligne : [http://www.punkinbutt.com/diaper_dilemma_the_envir onment.asp] (11 août 2007) ; Water Footprint. « Product gallery : cotton », en ligne : [http://www.waterfootprint. org/?page=files/productgallery&product=cotton] (11 août 2007) ; Heather L. Sanders. « The Diaper Drama – Environment », Diaper Pin, en ligne : [http://www.diaper pin.com/clothdiapers/article_diaperdrama4.asp] (7 août 2007) ; Environnement Canada. « Envirozine », en ligne : [http://www.ec.gc.ca/envirozine/french/Issues/45/print_v ersion_f.cfm?page=questions] (11 août 2007) ; Environnement Canada. « Envirozine », en ligne : [http://www.ilea. org/lcas/franklin1992.html] (11 août 2007) ; Institute for Lifecycle Environmental Assessment. « Cloth vs. Disposable Diapers », en ligne : [http://www.ec.gc.ca/envirozine/french/Issues/45/print_version_f.cfm?page=questio ns] (11 août 2007) ; Mère Hélène, « Couches 100 % coton Magik », en ligne : [http://www.merehelene.com/fr/ couche-coton.aspx] (19 août 2007).

7. Éco-Quartier Cartierville. « Quels sont les risques que courent nos enfants ? », en ligne : [http://www.ecoquartier. ca/2269/27901.html?*session*id*key*=*session*id*val*] (16 décembre 2007).

8. Les renseignements de cette section sont tirés de : Santé Canada. 2004. « Healthy Environments for Children – What You Can Do », en ligne : [http://www.hc-sc.gc.ca/hl-

vs/pubs/child-enfant/child_safe-enfant_sain_e.html] (20 décembre 2007) ; Wikipedia. « DEET », en ligne : [http://en.wikipedia.org/wiki/DEET] (20 décembre 2007).

9. Bureau du vérificateur général du Canada. 2003. « Choix des pesticides pour lutter contre le virus du Nil occidental », en ligne : [http://www.oag-bvg.gc.ca/domino/rapports.nsf/html/c20031001xf01.html] (20 décembre 2007).

10. Ministère de la Santé et des Services sociaux (MSSS). « Qu'ai-je besoin de savoir au sujet des couches conçues pour la baignade et des culottes de bain ? », en ligne : [http://www.msss.gouv.qc.ca/sujets/santepub/environnement/index.php?id=47,0,0,1,0,0#point10] (2 décembre 2007).

11. Recyc-québec. « Les produits de textile et d'habillement », en ligne : [http://www.recyc-quebec.gouv.qc.ca/Upload/Publications/zFiche_470.pdf] (16 août 2007).

12. Paul Rauber. 2007. « It takes a river », *Sierra*, janv.-févr., p. 13.

13. Water Footprint. « Product gallery », en ligne : [http://www.waterfootprint.org/] (3 août 2007)

14. Jackie Hunt Christensen. 1998. « Toxic Toy Story », *Issue 90*, en ligne : [http://www.mothering.com/articles/growing_child/consumerism/toxic_toy_story.html] (26 octobre 2007).

15. Correspondance avec Odlyne Odalès, préposée à l'information de Recyc-Québec, (14 novembre 2007).

16. Sources : Presse canadienne (2007). « Les piles jetées à la poubelle représentent une menace à l'environnement », en ligne : [http://techno.branchez-vous.com/actualite/2007/04/les_piles_jetees_a_la_poubelle.html] (8 septembre 2007) ; Réseau Éco-consommation (2005). « Piles et environnement, une union difficile ! », en ligne : [http://www.ecoconso.be/spip.php?article52] (8 septembre 2007) ; Earth911. « Why Are Some Batteries Harmful For The Environment ? », en ligne : [http://www.earth911.org/master.asp?s=lib&a=electronics/bat_env.asp] (8 septembre 2007).

17. Voir le site de Fat Brain Toys. En ligne : http://www.fatbraintoys.com/toys/toy_categories/science_nature/electricity_solar_power/index.cfm (5 janvier 2008).

18. Les données sont tirées de : Louis-Gilles Francoeur (7 juillet 2006). « Le transport aérien compte pour 4 % des émissions de GES », *Le Devoir*, en ligne : [http://ecotourisme.easyforum.fr/Prendre-ou-ne-pas-prendre-l-avion-f10/Le-transport-aerien-compte-pour-4-des-

emissions-de-GES-t24.htm] (12 octobre 2007) ; Projet Environnement et développement durable (EEDD). 2006. «Calcul des émissions de GES lors de déplacements en avion», en ligne : [http://acces.inrp.fr/eedd/climat/dossiers/empreinte_eco/GES_et%20_avions/]. (12 octobre 2007).

19. Camp Green Canada, en ligne : [http://www.campgreen-canada.ca/eng/Default.asp?Page=35] (12 décembre 2007).

20. Association canadienne des producteurs de sapin. En ligne : [http://www.christmastree.net/typ_fra.htm] (26 octobre 2007).

21. Gouvernement du Québec. «La citrouille : pas juste une décoration d'Halloween !», en ligne : [http://www.vasy.gouv.qc.ca/fr/manger/articles/automne_citrouille.html] (16 novembre 2007).

22. Équiterre. «Commerce équitable : le café», en ligne : [http://www.equiterre.org/equitable/informer/cafe2.php #principesCommerceEquitable] (30 septembre 2007).

23. Santé Canada. 2006 [2003]. «Votre santé et vous», en ligne : [http://www.hc-sc.gc.ca/iyh-vsv/prod/toys-jouets_f.html] (30 septembre 2007).

24. Établissement vert Brundtland. «Buts et mandats du mouvement», en ligne : [http://www.evb.csq.qc.net/index.cfm/2,0,1666,9543,1963,0,html] (13 décembre 2007).

25. Les données de cet encadré sont tirées de : Waste Online. «Metals : Aluminium and Steel recycling», en ligne : [http://www.wasteonline.org.uk/resources/Information Sheets/metals.htm] (21 octobre 2007) ; The Aluminium Can Group. «Why Recycle ? », en ligne : [http://www.aluminium-cans.com.au/RecycleCentre.html] (21 octobre 2007).

Deuxième partie

Trucs écolos pour la maison

Cette section renferme une foule de conseils à appliquer dans les différentes pièces de la maison pour nous permettre d'économiser de l'énergie ou nous inciter à consommer moins d'un produit. Les deux pièces de la maison qui sont le plus à surveiller sont la cuisine et la salle de bains, car il se produit à ces deux endroits beaucoup de gaspillage d'eau et d'énergie. On y trouvera également des conseils destinés à faciliter les différents choix qu'on fait au quotidien, comme lors d'achat de denrées à l'épicerie, ainsi que des pistes de réflexion pour nous aider à modifier certains comportements plus pollueurs.

À LA CUISINE

La préparation des aliments

✦ **Employez de petits appareils plutôt qu'un four conventionnel**

Les petits appareils comme le four grille-pain, la bouilloire électrique ou la mijoteuse consomment nettement moins d'énergie que le four. D'ailleurs, le four grille-pain ne sert pratiquement jamais à griller du pain chez nous. Comme il consomme moins d'énergie, je m'en sers quotidiennement pour cuisiner gâteaux, biscuits, omelettes, quiches, saucisses, pizzas, poisson... bref, tout ce que j'arrive à y mettre ! En effet, « le four grille-pain consomme deux fois moins d'énergie que le four de la cuisinière pour la même durée de cuisson ; contrairement au feu de la cuisinière, la bouilloire électrique peut représenter une économie d'énergie de 40 à 70 % tandis que la mijoteuse électrique vous permet d'épargner jusqu'à 80 %[1]. » Pour ma part, j'aime aussi me servir du four à micro-ondes pour faire chauffer l'eau plutôt que la bouilloire.

✦ **Utilisez le four à micro-ondes pour cuire les aliments**

Le four à micro-ondes consomme en moyenne 75 % moins d'énergie que la cuisinière[2]. De plus, il est beaucoup plus sécuritaire à utiliser quand il s'agit d'eau bouillante et de jeunes enfants. Il m'est d'ailleurs déjà arrivé d'oublier des carottes sur le feu tandis que je jouais dans le carré de sable avec

La cuisson au micro-ondes sauve de l'énergie.

mon plus vieux. Avec le four à micro-ondes, pas d'inquiétude de ce côté. Parmi les autres avantages de la cuisson par micro-ondes, on remarque que les légumes cuisent plus rapidement et conservent davantage leurs propriétés nutritives[3].

La plupart des légumes surgelés que nous achetons possèdent un mode d'emploi au micro-ondes. Il en est de même pour le riz, les gâteaux et pour presque tout aliment qui doit être cuit avant d'être consommé. Il est difficile de se débarrasser de nos bonnes vieilles habitudes, mais une fois qu'on s'est adapté à ce nouveau mode de cuisson, on constate que c'est réellement plus pratique et économique.

 ## Cuisson des légumes frais au micro-ondes

Placez les légumes dans un plat allant au micro-ondes muni d'un couvercle. Ajoutez juste assez d'eau pour les couvrir. Certains légumes peuvent être découpés (asperges, carottes, patates) ; il est alors préférable de couper des morceaux de même dimension afin que les légumes cuisent uniformément. On peut remuer les légumes à mi-cuisson. Pour les légumes plus denses (comme les patates ou les courges), on peut percer la chair à l'aide d'une fourchette afin de laisser la vapeur s'échapper et éviter ainsi que le légume n'explose. Il est important de bien couvrir le plat pendant la cuisson.

✦ **Ne jetez pas l'eau de cuisson de vos légumes**

La conservation de l'eau de cuisson permet de profiter pleinement des nutriments des meilleurs aliments, tout en économisant des ressources naturelles. L'eau de cuisson des légumes regorge de vitamines et de minéraux. Elle est donc idéale pour la cuisson ou encore pour arroser les plantes intérieures et extérieures (il faut attendre que l'eau refroidisse, par contre !). Ainsi, plutôt que de verser les légumes dans une passoire et les égoutter dans l'évier, j'utilise maintenant un tamis ou une cuillère trouée pour sortir les légumes de l'eau et je laisse l'eau refroidir sur le comptoir. Je congèle parfois les bouillons de différents légumes en les superposant (l'eau des carottes se rajoute à l'eau des haricots, etc.). Une fois décongelés, les différents bouillons se mélangent et constituent une excellente base pour une soupe. On peut aussi utiliser cette eau pour faire cuire le riz, ce qui lui confère une saveur délicate ainsi que des apports en vitamines.

 ## Préparation écoénergétique des pâtes

La cuisson des pâtes se fait habituellement en intégrant les pâtes à de l'eau bouillante. Si vous préparez des pâtes sur votre cuisinière, vous pouvez économiser de l'énergie en faisant bouillir l'eau dans une bouilloire au préalable puisque la bouilloire consomme moins d'énergie que votre cuisinière. Lorsque l'eau a atteint le point d'ébullition, vous la transvidez dans une casserole et faites cuire les pâtes comme c'est indiqué sur la boîte.

Il est également possible de faire cuire des pâtes au four à micro-ondes. Dans un grand bol adapté à la cuisson par micro-ondes, faites d'abord bouillir la quantité d'eau nécessaire. Ajoutez les pâtes à l'eau bouillante. Celles-ci doivent être largement recouvertes d'eau. Faites-les cuire à haute intensité pour environ quatre ou cinq minutes. Remuez le contenu, puis remettez les pâtes à haute intensité pour un autre quatre ou cinq minutes. Tout dépendant du type de pâtes utilisé et de la force du four à micro-ondes, les pâtes pourraient être déjà cuites ou nécessiter quelques minutes supplémentaires de cuisson à haute intensité.

En fin de compte, on ne sauve probablement pas beaucoup de temps, mais on évite de gaspiller beaucoup d'énergie.

✦ Ne faites pas préchauffer votre four

Seuls les gâteaux et les pains doivent être mis au four à la «bonne» température. Pour tous les autres plats, vous économiserez de l'énergie si vous allumez le four seulement au moment d'y mettre votre plat.

✦ Éteignez votre four dix ou quinze minutes avant la fin de la cuisson

La chaleur du four continuera de faire cuire les aliments, à moins que vous n'ouvriez la porte du four, en quel cas plus de 20 % de la chaleur pourrait s'échapper.

✦ Couvrez vos casseroles pour optimiser la cuisson

Vous économiserez jusqu'à 20 % d'énergie et la cuisson sera plus rapide.

Couvrir les casseroles économise l'énergie.

✦ Ne faites pas chauffer les aliments dans des contenants en plastique

Transférez toujours les aliments dans un plat en verre ou en grès avant de faire chauffer vos aliments par micro-ondes, car même les contenants en plastique approuvés pour une utilisation au four à micro-ondes peuvent transmettre des agents chimiques aux aliments lorsqu'ils sont chauffés.

✦ N'utilisez pas de moules à muffins en papier

Badigeonnez un peu d'huile dans les moules à muffins plutôt que d'utiliser des moules en papier destinés à la poubelle.

On peut faire du café sans générer de déchets.

✦ Choisissez vos filtres à café

Plusieurs options vertes s'offrent à l'amateur de café qui utilise une cafetière.

Il existe des filtres de papier non blanchi, certains faits avec des fibres recyclées. Une autre option, encore plus bénéfique pour l'environnement, serait d'investir une dizaine de dollars pour s'acheter un filtre à café permanent ou encore d'adopter une cafetière de type Bodum, qui elle aussi possède un filtre permanent en métal allant au lave-vaisselle. D'autres options qui valent la peine d'être explorées sont la cafetière italienne (qui doit être chauffée sur la cuisinière et qui, malheureusement, consomme beaucoup d'énergie) ou, pour les fines bouches, la machine à espresso, qui gagne de plus en plus en popularité. Toutes ces alternatives au traditionnel café filtre permettent de générer moins de déchets et d'économiser le papier.

✦ Faites du maïs soufflé nature

Les sacs de maïs soufflé prêts pour le four à micro-ondes vendus dans le commerce sont pratiques, mais extrêmement pollueurs. Une boîte contient environ trois ou quatre portions seulement, et chaque portion est enveloppée dans du cellophane. Une fois le sac de maïs soufflé terminé, on doit le mettre aux ordures car il est souillé d'huile. Ça fait donc pas mal de rebuts pour une petite gâterie.

Pour une fraction du prix, on peut acheter des grains de maïs à éclater nature et les faire chauffer dans une machine à *pop-corn* fonctionnant à air chaud. Les grains s'achètent en vrac, donc pas de déchets. C'est aussi plus intéressant du point de vue nutritif, car on peut recouvrir le maïs soufflé de vrai beurre plutôt que d'huiles saturées comme on en trouve dans les sachets de portions individuelles. En le faisant soi-même, on peut aussi en faire de mini-portions pour les enfants et éviter le gaspillage.

Un autre truc que m'a refilé un ami : on fait éclater les grains au four à micro-ondes dans un sac en papier récupéré, comme un sac de pain baguette ou un sac de bouteille de vin. On attache le sac à l'aide d'un peu de corde de boucher (car elle résiste aux micro-ondes), et on fait cuire le maïs de la même manière qu'on le fait d'habitude, soit de quatre à six minutes à haute intensité, jusqu'à ce que de deux à trois secondes séparent chaque éclatement de grain de maïs. Le sac peut être utilisé plusieurs fois et, lorsqu'il est percé, on peut encore le mettre au recyclage puisqu'il n'est pas taché d'huile.

✦ Utilisez une bassine pour laver les légumes

Afin de prévenir le gaspillage d'eau, remplissez un bol ou une petite bassine d'eau plutôt que de rincer individuellement les fruits et les légumes sous l'eau courante.

L'alimentation

✦ Mangez moins de viande de bœuf

En consommant un kilo de bœuf, on est à l'origine d'autant de gaz à effet de serre que si l'on condui-sait une voiture pendant trois heures[4].

Comment est-ce possible ?

Avant d'arriver dans votre assiette, le bœuf a été engraissé et nourri au grain. En général, un bœuf parvient à maturité (une façon plus élégante de dire qu'il est mûr pour l'abattoir !) à l'âge de trois

Idées de repas sans bœuf

Manger moins de bœuf, ça ne signifie pas nécessairement dire adieu au pâté chinois, à la sauce à spaghetti ni aux hamburgers. Il faut faire preuve d'imagination plutôt que de résignation, et espérer que les changements ne feront pas trop rouspéter les enfants (et le conjoint...). Voici quelques idées qui vous aideront à mettre moins de bœuf dans vos recettes :

✦ Remplacez la moitié du bœuf haché nécessaire pour votre recette de sauce à spaghetti par une livre de tofu émietté. Assurez-vous que le tofu soit émietté finement et assaisonnez-le allègrement (avec de la sauce Worcestershire, par exemple). Votre sauce aura le même bon goût et comportera les mêmes protéines ;

✦ Optez pour des hamburgers au poulet plutôt que pour les traditionnels hamburgers aux boulettes de bœuf. Une fois la boulette bien enduite de ketchup et de relish, il a fort à parier que les enfants ne se rendront même pas compte du subterfuge ;

✦ Remplacez une partie de la viande hachée par des lentilles dans votre pâté chinois. Les lentilles se désagrègent facilement lors de la cuisson. Peut-être que votre famille ne s'en apercevra même pas !

✦ Faites du « poulet bourguignon » au lieu de bœuf bourguignon. En fait, on peut remplacer le bœuf par du poulet dans presque toutes les recettes ;

✦ Cuisinez des pâtes végétariennes : sauce rosée, pesto, crème d'épinards, tomates séchées, etc. Les variantes sont infinies et les enfants adorent les pâtes.

ans et après avoir consommé environ 1 300 kilos de grains, 7 200 kilos de fourrage et 24 mètres cubes d'eau. L'empreinte d'eau d'un kilo de bœuf s'évalue ainsi à 15 500 litres[5]. « Un habitant des États-Unis, au régime alimentaire riche en viande, consommerait 5 400 litres d'eau virtuelle par jour, alors qu'un végétarien n'en utiliserait que 2 600 litres[6]. »

✦ Achetez de la viande biologique

« Lorsque la viande est bio, les émissions globales par kilo de viande sont diminuées du tiers environ, quelle que soit la viande considérée[7]. » De plus, la viande biologique est exempte de pesticides et d'hormones, ce qui en fait un excellent choix du point de vue de la santé des enfants.

✦ Mangez plus de légumineuses

Vous ne voulez pas sacrifier la viande en raison de vos besoins en protéines ? Optez plutôt pour des légumineuses.

En plus de leurs grandes vertus sur le plan nutritionnel[8], la culture des légumineuses est moins nocive pour l'environnement comparativement à d'autres plantes. Les légumineuses sont sans doute les plantes qui, actuellement, reçoivent le moins de traitements chimiques, même en culture conventionnelle intensive. Les sources de protéines animales (viande, poisson, produits laitiers) sont en général beaucoup plus polluées. La culture des légumineuses nécessite peu d'engrais, et les légumineuses elles-mêmes enrichissent le sol et limitent la pollution par les nitrates puisqu'elles fixent l'azote de l'air en poussant. Les protéines animales nécessitent quant à elles cinq à dix fois plus de superficie de terre cultivable (pour leur fourrage). La production de protéines animales occupe donc non seulement plus de territoire cultivable, mais utilise aussi beaucoup plus d'énergie pour leur transformation et leur conservation.

✦ Cuisinez davantage

Lorsqu'on prépare soi-même ses soupes, ses bouillons ou ses sauces pour les pâtes à partir d'ingrédients frais, on évite de recourir à des aliments suremballés du commerce, dénaturés par toutes sortes d'additifs et de préservatifs malsains. Il est facile de produire du bouillon de poulet ou de légumes et de le faire congeler dans des pots de mayonnaise vides, et cela économise les boîtes de conserve et les emballages de type Tetra-pak utilisés pour vendre du prêt-à-manger. En cuisinant soi-même ses plats et ses mijotés plutôt que d'acheter des repas congelés, on consomme moins d'emballages et moins de produits chimiques. C'est meilleur pour l'environnement et c'est meilleur pour la santé.

✦ Buvez plus d'eau !

Les produits que nous consommons ont tous des coûts environnementaux qui sont parfois loin d'être apparents. Par exemple, lorsqu'on boit du lait, on consomme un produit dont la production a nécessité beaucoup d'eau et d'énergie (fourrage pour les vaches, entretien, chauffage, etc.), et qui a émis des gaz carboniques (pasteurisation, emballage, transport) avant d'arriver dans notre verre. On estime qu'il faut 1 000 litres d'eau pour donner un litre de lait, ce qui signifie qu'un verre de lait de 200 ml équivaut à 200 litres d'eau[9]. Un verre de jus de pomme nécessite quant à lui 170 litres d'eau et un verre de jus d'orange 190 litres d'eau. Un simple verre d'eau ne requiert pas beaucoup plus d'eau que ce que le verre contient. C'est donc une belle option du point de vue environnemental, en plus d'être bon pour la santé.

Un bon verre d'eau,
pour la santé de l'environnement !

Le frigo

✦ Mettez une bouteille d'eau au réfrigérateur

De nombreuses personnes font couler l'eau du robinet pendant de longues minutes avant de se verser un verre, sous prétexte qu'ils aiment leur eau froide. Ne serait-il pas plus simple de conserver une bouteille d'eau au réfrigérateur ? De plus, lorsqu'on met notre eau au réfrigérateur, cela permet au chlore contenu dans l'eau de s'évaporer, ce qui en améliore le goût (quinze à trente minutes suffisent pour l'évaporation). Enfin, un contenant muni d'un filtre (de type Brita) vous donnera accès à une eau froide et délicieuse en tout temps.

✦ Couvrez les restes que vous mettez au frigo

Les restes qui ne sont pas emballés proprement dégagent de l'humidité et font davantage travailler le compresseur du réfrigérateur.

✦ **Jetez vos restes périmés de manière écologique**

Peu importe le soin qu'on prend pour éviter le gaspillage de nourriture, il arrive toujours qu'un contenant de tzatziki ou un reste de poulet aux légumes soit oublié au fond du frigo pour n'en ressortir que plusieurs semaines plus tard, lorsqu'il est périmé. Dans certains cas, on serait porté à jeter le contenant au complet à la poubelle tellement son contenu est avarié, mais c'est mieux pour l'environnement de le vider d'abord dans la poubelle (et non dans la toilette, comme on serait tenté de le faire) afin de pouvoir le recycler.

✦ **Époussetez ou passez l'aspirateur derrière le frigo régulièrement**

Ce simple truc permet d'augmenter le rendement énergétique de votre réfrigérateur. Moins les serpentins sont couverts de poussière, mieux le frigo se porte.

✦ **Ouvrez le réfrigérateur seulement lorsque vous savez ce que vous allez y chercher**

Rester debout devant la porte à se demander ce qu'on va manger pour le souper laisse sortir de l'air froid inutilement.

✦ **Gardez votre réfrigérateur et votre congélateur suffisamment pleins**

Un réfrigérateur vide doit fournir davantage d'électricité pour conserver les aliments au frais. Par contre, un réfrigérateur complètement plein empêche l'air de circuler, au contraire d'un frigo trop vide, qui exige plus d'effort du compresseur pour éliminer l'humidité. Pour empêcher le moteur du congélateur de travailler pour rien, on peut placer des bouteilles d'eau pleines qui, une fois gelées, aideront le congélateur à maintenir sa température[10].

✦ Réglez la température à 4 °C ou 5 °C

Rien ne sert de conserver les aliments à une température plus fraîche, et chaque degré supplémentaire consomme 5 % d'énergie de plus[11].

Les nappes, serviettes et lavettes

✦ Rangez vos nappes

Un repas en famille équivaut habituellement à au moins un verre de lait renversé et quelques taches de sauce autour de l'assiette des enfants (ou du conjoint). Un jour, alors que je faisais le tri pour la lessive, j'ai constaté que j'effectuais au moins une brassée de lavage par semaine de nappes sales ! En remplaçant les nappes par des napperons en vinyle, j'économise de l'énergie et de l'eau puisqu'un simple nettoyage avec un linge savonneux à la fin de chaque repas suffit pour faire disparaître les taches (alors que mes nappes, elles, restaient toujours tachées !).

✦ Faites chauffer les débarbouillettes au four à micro-ondes

Un soir où j'attendais avec impatience que l'eau chaude daigne couler de mon robinet de cuisine, j'ai pris conscience de la quantité d'eau qui s'en écoulait inutilement. En effet, il avait fallu deux litres et demi d'eau avant qu'elle ne commence enfin à tiédir. Quel gaspillage ! Et combien de fois par jour je répétais ce manège ? J'ai donc entrepris de trouver une solution. Puis, l'idée m'est venue : pourquoi ne pas simplement faire chauffer les débarbouillettes au four à micro-ondes ? Maintenant, lorsque je débarbouille les enfants après les repas, je mouille légèrement le linge, je le mets dix secondes à chauffer et le tour est joué. Plus d'attente inutile, et combien de litres d'eau épargnés !

✦ N'utilisez pas de papier essuie-tout

Dans une maison remplie d'enfants, il faut toujours avoir des essuie-tout sous la main afin d'éponger les petits et les gros dégâts. On a beau nous bombarder d'annonces publicitaires nous vantant les mérites du tout dernier essuie-tout capable de ramasser un verre de jus renversé au grand complet, il n'empêche que rien ne vaut une bonne vieille guenille pour tout nettoyer efficacement. On consomme moins de papier et on libère nos poubelles de déchets inutiles.

Par contre, il y a certaines occasions où les essuie-tout sont tellement pratiques qu'on ne pourrait tout simplement pas s'en passer. Dans ce cas, garnissez vos armoires de papier essuie-tout fait de fibres recyclées, et, dépendamment du dégât, balancez-le au compost après son utilisation (ceci vaut pour un essuie-tout qui a épongé des matières organiques comme du jus ou de l'eau, mais pas du lait ou du gras).

✦ **Ne rincez pas votre vaisselle avant de la mettre au lave-vaisselle**

Raclez les assiettes avec un couteau plutôt que de gaspiller de l'eau. Votre lave-vaisselle est bien plus efficace que vous pour faire disparaître la saleté !

✦ **Utilisez le cycle « délicat » du lave-vaisselle**

Les lave-vaisselle offrent différentes options de nettoyage, qui varient en fonction du degré de saleté. Entre l'option « Light Wash » et « Heavy Wash », il y a une différence de nombreuses minutes sur la durée du cycle. En optant pour le cycle le plus court, votre vaisselle sera probablement aussi propre qu'elle l'aurait été en utilisant le cycle plus long, mais vous aurez épargné entre dix et trente minutes d'énergie, de même que plusieurs litres d'eau. Si certains articles de vaisselle portent encore des marques de saleté, c'est probablement en raison de nourriture qui y est incrustée. Vous obtiendrez alors un meilleur résultat en la récurant à la main qu'en utilisant le cycle prolongé du lave-vaisselle.

✦ **Utilisez du vinaigre plutôt qu'un agent de rinçage dans votre lave-vaisselle**

Bien qu'il existe des agents de rinçage biodégradables sur le marché, vous obtiendrez d'aussi bons résultats avec du vinaigre dans le compartiment destiné à l'agent de rinçage de votre lave-vaisselle.

Le vinaigre, une solution économique et écologique.

Il s'agit ici d'une alternative économique (à peu près trente fois moins cher) et pratique (le vinaigre étant beaucoup plus facile à trouver).

Évidemment, je devrais probablement recommander à ce stade-ci de vérifier auprès du manufacturier si l'on peut effectivement remplacer l'agent de rinçage par du vinaigre... mais je n'ai pas pris cette peine et mon lave-vaisselle a très bien survécu à la substitution.

✦ **Remplacez vos éponges et chiffons jetables par des lavettes réutilisables**

Les éponges vendues sur le marché sont fabriquées à partir de dérivés du pétrole, une ressource non renouvelable et polluante. Il existe des éponges naturelles qui sont biodégradables, mais comme elles ne se lavent pas, elles ne sont pas destinées à un usage durable. Le meilleur choix demeure encore la lingette lavable.

✦ **Utilisez un broyeur s'il vous est impossible de composter**

Beaucoup de gens qui habitent en appartement ou en copropriété n'ont pas l'espace nécessaire pour faire du compostage. Si vous avez un peu d'espace à l'intérieur, vous pourriez songer à acquérir un petit vermicomposteur (voir en page 69). Sinon, vous pouvez recourir au broyeur d'aliments plutôt que d'ensacher les restes de nourriture dans des sacs-poubelles en plastique, où ils mettront du temps avant de se décomposer (sans compter le coût environnemental associé au transport des ordures).

Lorsqu'ils sont broyés, les résidus organiques sont traités avec les eaux usées et sont finalement transformés en engrais[12].

Réutilisez, recyclez

✦ Réutilisez les sacs de lait

Les sacs de lait peuvent être rincés puis utilisés pour ranger des aliments au frigo (plutôt qu'une pellicule de plastique) ou pour congeler des aliments (plutôt que des sacs de type Ziploc).

✦ Réutilisez les emballages en cellophane

Si votre épicier suffoque les légumes qu'il vend à l'aide d'une pellicule de plastique, faites contre mauvaise fortune, bon cœur. L'enrobage de plastique peut servir à nouveau si vous prenez soin d'en retirer les légumes sans le déchirer. Vous pouvez ainsi vous en servir pour couvrir des restants qui vont au frigo, ce qui vous évitera de les transférer dans un contenant en plastique (et ainsi de salir de la vaisselle inutilement).

Un plat de yogourt recouvert d'une pellicule de cellophane réutilisée.

✦ Recyclez tout, tout, tout !

Un des plus grands problèmes avec le recyclage actuellement est que bon nombre de personnes s'abstiennent de recycler certains articles, car ils n'arrivent pas à décoder les différents types de plastique ou croient à tort que certains articles ne peuvent être recyclés. Ici, dans le doute, il ne vaut mieux *pas* s'abstenir.

Un article qui porte le sceau triangulaire du type de plastique utilisé n'est pas nécessairement recyclable. Si vous avez des doutes concernant certaines matières, la meilleure chose à faire est de contacter votre municipalité ou de vous informer auprès d'un organisme comme Recyc-Québec. C'est ainsi que j'ai découvert qu'on pouvait recycler les capuchons de bière... mais pas les brosses à dents.

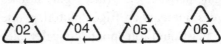

Comment décoder les plastiques

1	PET	Polyéthylène téréphthalate (ex. : bouteille de boisson gazeuse). Se recycle.
2	PE-HD	Polyéthylène à haute densité (ex. : contenant de savon à lessive). Se recycle.
3	PVC	Chlorure de polyvinyle (ex. : emballage des fromages et viandes). Ne se recycle pas.
4	PE-LD	Polyéthylène à basse densité (ex. : sac ou emballage en plastique). Se recycle parfois.
5	PP	Polypropylène (ex. : pot de yogourt ou de margarine). Se recycle.
6	PS	Polystyrène (ex. : couvercle à café, barquette en styromousse). Ne se recycle pas.

✦ **Réutilisez les pots en verre**

Plutôt que d'acheter des contenants en plastique pour entreposer les aliments, on peut réutiliser les pots de mayonnaise, de condiments et de marinades. Ils ont l'avantage d'être transparents, permettant de voir tout de suite ce qu'ils contiennent. Je les utilise même pour la congélation, en prenant bien soin de ne pas les emplir complètement, car les aliments prennent de l'expansion en gelant.

✦ Ne jetez pas le bicarbonate de soude qui a désodorisé le frigo

Le bicarbonate de soude qui a servi à désodoriser le réfrigérateur pendant quelques mois peut encore servir de poudre à récurer, notamment pour les chaudrons, ou encore pour débloquer le tuyau d'évier qui se vide trop lentement.

Un pot de mayonnaise plein de soupe congelée.

✦ Conservez le gras de bacon

Je conserve le gras de bacon dans un bocal en verre et je le réutilise lorsque je fais rissoler des pommes de terre. Je m'en sers également dans certaines recettes pour remplacer le beurre ainsi que dans des soupes. Ça donne du goût !

À LA SALLE DE BAINS

Le plus grand défi écologique dans la salle de bains est de réduire la consommation d'eau potable. Au Québec, 70 % de notre consommation d'eau quotidienne s'effectue dans la salle de bains, et les toilettes sont responsables d'environ 30 % de l'eau utilisée dans la maison. Heureusement, il existe une panoplie d'astuces qui réduisent notre consommation d'eau sans coûter trop de sous ni trop d'efforts.

Économiser l'eau

✦ **Placez une bouteille ou un pot dans le réservoir de votre toilette**

Les toilettes classiques utilisent de seize à vingt litres d'eau par chasse, alors que d'autres modèles à faible consommation n'exigent que six litres ou moins. Confrontés à cette donnée, mon conjoint et moi avons réfléchi à des pistes de solution alors que nous rénovions notre salle de bains. Devrions-nous remplacer notre vieille toilette, encore propre et fonctionnelle, par un modèle plus efficace ? Notre vieille cuve irait donc « trôner » au dépotoir, ou alors quelqu'un d'autre l'installerait chez lui où elle continuerait à gaspiller des litres et des litres d'eau. Dilemme. J'ai eu beau me renseigner auprès des quincailliers et des plombiers, partout on me regardait comme si c'était vraiment étrange que je me soucie à ce point de la quantité d'eau que ma toilette consommait, et encore plus du sort qui attentait la cuve dont je voulais me débarrasser. La solution que nous avons trouvée est d'une simplicité désarmante.

Le principe du pot placé dans le réservoir est élémentaire : un récipient de 500 ml permet d'économiser 500 ml à chaque chasse d'eau. Sur une douzaine de litres d'eau, cela peut paraître bien peu, mais, au bout du compte, on peut s'attendre à une économie d'environ 2 000 litres d'eau par année (ceci est basé sur une moyenne de dix chasses d'eau par jour). On déconseille de mettre des briques dans le réservoir puisque, à la longue, la brique peut se désagréger et abîmer les tuyaux de renvoi. Dépendamment des modèles de toilette, il faut faire preuve d'astuce pour placer le récipient dans la cuve afin qu'il n'entrave pas le mécanisme de la chasse d'eau. Pour notre part, nous avons opté pour un pot de mayonnaise vide dont le couvercle est en plastique (il faut éviter d'utiliser un contenant dont le couvercle est en métal puisqu'il finirait par rouiller). Un pot de yogourt rempli de cailloux peut aussi fonctionner.

 ## Pourquoi économiser l'eau ?

On le sait, l'eau est une denrée abondante au Québec. Personne n'y pense à deux fois en se servant un verre d'eau qu'il ne boira qu'à moitié. Personne ne se soucie du voisin qui arrose sa pelouse en pleine canicule (en fait, certaines municipalités ont à juste titre des réglementations à cet effet). L'eau, c'est gratuit au Québec. Enfin, c'est ce qu'on veut bien croire. Rares sont ceux qui possèdent un compteur d'eau, et ceux qui en ont un ne sont pas nécessairement facturés en fonction de leur consommation. Il y a donc très peu d'incitatifs en place pour nous encourager à en consommer moins. Et c'est pourquoi les Québécois sont les champions du gaspillage, puisqu'ils utilisent en moyenne 777 litres d'eau par jour par personne[13].

Dans les faits, l'eau a un coût. Avant d'arriver à nos robinets, elle a été pompée, filtrée, traitée. Il s'agit de procédés qui consomment beaucoup d'énergie et qui ont un impact sur l'environnement. Il en coûte 800 000 $ par jour pour traiter l'eau qui est distribuée sur le territoire de l'île de Montréal. Les citoyens paient pour ce service par leurs taxes foncières. Chaque petit geste que nous posons pour préserver l'eau a ainsi un impact qui ne doit pas être négligé.

Moins de 1 % de l'eau utilisée est bue. Le reste de l'eau distribuée aux contribuables est utilisée pour autant de chasses d'eau, de brassées de lavage, de bains et de douches. On a donc tous un intérêt à analyser de près notre consommation d'eau et à adopter des comportements qui favorisent sa conservation.

Un «Tankee Clipper» détourne une partie de l'eau qui se déverse dans la cuvette.

✦ **Installez un coupe-volume dans votre réservoir de toilette**

Après moult recherches pour trouver une façon d'économiser l'eau de ma toilette vétuste, je suis enfin tombée par hasard, dans un magasin de produits nettoyants biodégradables, sur un bidule ingénieux. Le Tankee Clipper est un petit embout en plastique qu'on fixe dans le réservoir, sur le tuyau de renvoi, afin de détourner une partie de l'eau qui se déverse inutilement dans la cuvette pendant que le réservoir se remplit. Fabriqué aux États-Unis, il coûte seulement quelques dollars et permet d'économiser environ deux litres d'eau par chasse sans nuire à l'efficacité de la toilette.

✦ **Ne jetez pas de déchets dans la toilette**

Chaque chasse d'eau entraîne avec elle de six à vingt litres d'eau, dépendamment du modèle de toilette. Même ceux qui ont un modèle de toilette très performant qui consomme peu d'eau n'ont pas intérêt à se débarrasser de restes de nourritures ou de mouchoirs dans la cuvette puisque cela entraîne nécessairement une certaine forme de gaspillage d'eau. Les mouchoirs et les détritus de toutes sortes devraient aller à la poubelle. Si par mégarde un mouchoir s'égare et prend le chemin de la toilette, laissez-le là jusqu'à la prochaine « véritable » utilisation de la cuve.

✦ **Combinez les pipis**

Je vous vois déjà sourciller... Ma réaction initiale quand j'ai su combien d'eau on gaspillait chaque jour en tirant la chasse d'eau avait été de faire la grève. Les pipis s'accumulaient dans la cuve, au grand désespoir de mon conjoint qui trouvait que ça allait à l'encontre de l'enseignement de l'entraînement à la propreté qu'on tentait d'inculquer à notre mousse de trois ans. Je me suis donc pliée à son raisonnement (sauf quand je suis seule à la maison), mais j'essaie quand même de «rationaliser» les chasses d'eau en combinant les pipis simultanés. Quand un des enfants a envie, j'en profite pour me soulager moi aussi !

✦ Assurez-vous que votre réservoir de toilette est étanche

Un réservoir de toilette qui fuit peut gaspiller entre vingt et quarante litres d'eau chaque heure. Il est d'ailleurs facile de vérifier si le vôtre fuit : ajoutez quelques gouttes de colorant à gâteau dans le réservoir et attendez vingt minutes. Si votre réservoir fuit, vous verrez le colorant apparaître dans la cuvette. Pour régler le problème, il suffit normalement de remplacer le clapet du réservoir (le bouchon de caoutchouc), ou peut-être le mécanisme entier si vous avez un vieux modèle, ce qui représente un investissement de quelques dollars seulement.

Notre vieille toilette, dont le réservoir comportait au moins deux dispositifs d'économie d'eau, se vidait tranquillement entre chaque chasse d'eau. On pouvait toujours entendre vaguement le petit cillement de l'eau qui continuait de remplir le réservoir. En attendant de remplacer la pièce défectueuse, nous avons pris l'habitude de fermer le robinet d'arrivée d'eau entre chaque utilisation.

✦ Munissez-vous d'une pomme de douche à faible débit

Les pommes de douche traditionnelles utilisent jusqu'à vingt litres d'eau par minute alors qu'un nouveau modèle à faible débit en laisse passer la moitié moins (entre cinq et neuf litres d'eau à la minute). En prenant une douche de sept minutes, cela représente une économie potentielle de soixante-dix litres d'eau. On perçoit donc les économies réalisées si on tient compte du fait que le réservoir à eau chaude aura moins d'eau à chauffer à la fin de notre douche.

Comment fait-on pour vérifier si notre pomme de douche est à faible débit ou pas ? Il se peut que ce soit indiqué sur la pomme elle-même. Sinon, on prend un contenant de deux litres (comme un carton de lait vide) et on le tient directement sous le jet pendant dix secondes. S'il est rempli au bout de ce laps de temps, il faudrait songer à remplacer la pomme de douche, un investissement d'une dizaine de dollars (qui peut monter jusqu'à des centaines de dollars pour des modèles haut de gamme !).

✦ Installez une horloge ou une minuterie dans la salle de bains

L'utilisation d'une minuterie ou d'une horloge permet de rationaliser l'utilisation de l'eau pendant une douche. Donnez-vous des objectifs graduels pour réduire le temps passé sous l'eau chaude. En réduisant la durée de votre douche de trois minutes, vous pouvez réaliser des économies annuelles d'environ 65 $ par personne[14].

✦ Posez des aérateurs sur la robinetterie

Les robinets classiques ont un débit moyen de treize litres par minute. En ajoutant de l'air à l'eau, le brise-jet (ou aérateur) réduit le débit de 25 à 50 %, ce qui laisse tout de même passer un jet largement suffisant pour se laver les mains ou se brosser les dents.

✦ N'ouvrez pas le robinet au maximum

On n'a pas nécessairement besoin d'un débit d'eau très rapide pour se laver les mains ou se brosser les dents. Prenez l'habitude d'ouvrir le robinet à moitié seulement, ou même au quart, afin d'éviter le gaspillage.

✦ Mettez le bouchon avant de faire couler l'eau du bain

Souvent, on laisse couler l'eau du bain inutilement jusqu'à ce qu'on obtienne la température désirée. En mettant d'abord le bouchon et en ajustant graduellement la température de l'eau au fur et à mesure que le bain se remplit, on économise à coup sûr quelques litres d'eau.

✦ Lavez les enfants en même temps

Plusieurs parents optent déjà pour cette stratégie, ne serait-ce que pour le plaisir de voir les enfants prendre leur bain ensemble et pour sauver du temps le soir. Si les enfants ne sont pas du même âge ou sont trop vieux pour partager leur bain, on peut tout de même partager l'eau : donnez le bain aux plus jeunes puis gardez l'eau du bain pour les plus vieux en rajoutant de l'eau chaude au besoin.

Un bain à deux : c'est agréable et ça économise l'eau.

✦ Fermez l'eau du robinet pendant que vous vous savonnez les mains ou vous brossez les dents

Cela permet d'éviter que l'eau coule inutilement. Certaines personnes poussent même l'audace jusqu'à fermer l'eau de la douche pendant qu'ils se savonnent. Peut-être... mais pas l'hiver !

Réutilisez, recyclez

✦ Recyclez !

Il n'y a pas que dans la cuisine qu'il faut recycler ! Il existe une multitude de choses qu'on peut recycler dans la salle de bains. Pour les contenants en plastique, il suffit de regarder sur le produit afin de trouver le symbole triangulaire avec le chiffre au milieu. Si le chiffre est 1, 2 ou 5, on le recycle sans arrière-pensée. Voici quelques-uns des produits que l'on trouve dans une salle de bains et que l'on peut recycler :

– bâtons de déodorant vides ;

– bouteilles de shampoing ou de revitalisant ;

– bouteilles de lotion ou de crème hydra- tante ;

– rouleaux de papier hygiénique terminés ;

– emballages des pansements ;

– emballages de savon ;

– contenants de médicaments vides, etc.

✦ Procurez-vous une corbeille pour faciliter le recyclage

Las de voir traîner les emballages de pansement et les rouleaux de papier hygiénique vides qui n'arrivaient pas à trouver seuls leur chemin jusqu'au bac de recyclage, mon conjoint a finalement mis une corbeille (verte, c'était de circonstance) dans la salle de bains à l'étage. Maintenant, on la vide une fois par semaine, en même temps que celle des déchets.

✦ Conservez les morceaux de savon brisés

Lorsqu'un savon arrive au terme de sa vie, il ne reste souvent qu'une mince galette friable. Conservez les petits morceaux afin de les réutiliser. Voici quelques idées pour les transformer :

–   on peut les râper en fins morceaux, les faire fondre au micro-ondes et les mélanger à de la glycérine afin de se concocter du savon à main liquide ;

–   on empile les morceaux de savon dans un vieux bas qu'on conserve dans la douche et on s'en sert comme «gant de toilette» automoussant ;

Du savon râpé.

–   on râpe les morceaux, on les fait fondre au micro-ondes et on remplit un moule afin de créer un nouveau savon.

Les produits

Dans la salle de bains, on utilise une quantité incroyable de produits, dont certains sont dommageables pour l'environnement à cause des substances nocives qu'ils renferment (comme certains produits de soins corporels) ou à cause de leur emballage (bombes aérosol, suremballage de serviettes hygiéniques, etc.). Heureusement, on peut trouver des recettes sur Internet pour se fabriquer soi-même toutes sortes de produits de beauté à base d'ingrédients naturels : des masques, des laits démaquillants, des savons, des laits corporels. Utilisez un engin de recherche et trouvez la recette qui vous convient.

+ **Privilégiez les produits naturels et biologiques**

Beaucoup de produits sur le marché sont fabriqués à partir de composantes chimiques et de dérivés du pétrole. C'est le cas notamment des lotions ou des crèmes qui comportent des huiles minérales ou du pétrolatum, tous deux des dérivés du pétrole. Il est mieux de privilégier les produits à base d'huiles végétales. La même chose s'applique aux parfums. La plupart des parfums sont des produits chimiques et, dans certains cas, sont des dérivés du pétrole. On recherche alors des produits qui sont fabriqués avec des huiles essentielles.

Des savons fabriqués à partir d'ingrédients naturels.

Les savons commerciaux traditionnels contiennent souvent des dérivés du pétrole, des graisses animales et des produits chimiques. Des millions de personnes se servent chaque jour de ces savons, et les résidus prennent le chemin des égouts et des cours d'eau, où certaines composantes chimiques s'accumulent et nuisent à l'environnement. On peut se procurer facilement des savons biologiques et biodégradables qui ne contiennent que des ingrédients naturels et qui ne risquent pas d'irriter la peau. La marque Druide propose toute une gamme de produits (shampoing, lotion pour le corps, revitalisant) qui sont fabriqués avec des ingrédients biologiques et naturels, tandis que la marque Green Beaver, une compagnie canadienne, se spécialise dans les déodorants, les dentifrices et les lotions naturels. Au Québec, il existe de nombreux artisans locaux qui fabriquent des savons purs et biodégradables, dont Les soins corporels l'Herbier, la Savonnerie des Diligences et la Savonnerie Mère et Fille.

✦ N'utilisez pas des savons antibactériens

Les savons antibactériens emploient des composantes chimiques parfois nocives pour l'environnement, dont le Triclosan qui est un pesticide et le MIT (methylisothiazolinone) qui peut causer des réactions allergiques et qui est considéré neurotoxique. Même si les savons n'en contiennent qu'en petite quantité, lorsque tout le monde les utilise, les produits chimiques s'accumulent dans l'environnement[15].

✦ Un rasage écolo?

Un rasoir électrique est une meilleure option que des rasoirs jetables. Comme leur nom l'indique, les rasoirs « jetables » ne sont pas recyclables. Plutôt que d'acheter des rasoirs jetables emballés en paquet de cinq, procurez-vous un bon rasoir à maillet dont vous n'aurez qu'à remplacer les lames émoussées. Au bout du compte, ça vous fera de belles économies en plus de diminuer votre quantité de déchets.

En ce qui concerne la mousse pour le rasage, les bombes aérosol constituent une option peu intéressante du point de vue environnemental puisqu'elles sont difficilement recyclables. Une fois vides, les bonbonnes peuvent être rapportées lors des collectes de résidus domestiques dangereux (RDD)

organisées par votre municipalité ou directement dans un écocentre[16]. Par contre, on peut encore trouver, dans la plupart des pharmacies ou centres du rasoir, de bons vieux blaireaux et des savons spécialisés qui font une belle mousse suave.

Savon à raser maison

Il est possible de se confectionner du savon à raser à peu de frais. Les ingrédients de cette recette se trouvent facilement dans le commerce, et ils sont meilleurs pour l'environnement que certaines mousses à raser commerciales qui contiennent de nombreux agents chimiques. Pour fabriquer cette mousse, vous aurez besoin d'un bain-marie et d'une tasse pour y verser le savon une fois qu'il sera prêt.

Ingrédients

| ½ c. thé | huile de tournesol |
| ¼ tasse | savon à la glycérine non parfumé |

Mode d'emploi

Coupez le savon de glycérine en petits morceaux et déposez-les dans le bain-marie. Faites fondre les morceaux de savon sur feu doux, ajouter rapidement l'huile de tournesol et versez le mélange directement dans la tasse décorative. Le savon prendra en pain très rapidement.

Mouillez simplement le blaireau et frottez-le sur le savon jusqu'à ce qu'une mousse épaisse se forme. Appliquez ensuite la mousse à raser sur votre visage ou sur vos jambes.

✦ **Délaissez les produits hygiéniques féminins jetables**

Il existe un tas de bonnes raisons pour renoncer aux serviettes hygiéniques jetables. D'abord, les serviettes jetables, d'utilisation unique, sont fabriquées avec de la pâte de papier blanchie au chlore. Leur fabrication nécessite des ressources naturelles et de l'énergie. De plus, elles sont habituellement suremballées (ce n'est pourtant pas comme si la petite enveloppe plastifiée qui recouvre chaque serviette la rendait invisible aux yeux des curieux). Les serviettes hygiéniques contribuent à engorger les dépotoirs, quand elles ne se retrouvent pas tout simplement dans le réseau d'aqueduc (à éviter à tout prix !). Les femmes en consomment en moyenne quinze à vingt chaque mois, ce qui signifie un investissement d'environ 150 $ par année.

Des serviettes hygiéniques lavables.

Pour une fraction de ce prix, on peut investir dans des serviettes en coton lavables. Je ne parle pas ici des guenilles de nos grands-mères, mais bien de serviettes pratiques, qui peuvent ou non avoir un revêtement antifuites fait de nylon (comme pour les couches) et qui tiennent en place à l'aide de rabats et de boutons-pression. Leur utilisation est simple et économique. C'est encore plus simple si on lave déjà des couches pour bébé, car on n'a alors qu'à tout laver en même temps. La plupart des endroits qui vendent des couches en coton auront aussi des serviettes hygiéniques lavables en stock.

Pour s'assurer d'avoir des règles… vertes, il existe par ailleurs un appareil ingénieux qui passe incognito : la coupe menstruelle. Qu'on utilise le « Moon Cup » ou le « DivaCup™ », le principe est le même : il s'agit d'un réceptacle fait de silicone de qualité médicale qui se porte à l'intérieur du vagin et recueille le sang. Lorsqu'il est plein, il ne s'agit que de vider son contenu dans la toilette, de le

Une coupe menstruelle.

nettoyer et de le remettre en place. Tout le confort d'un tampon, sans les déchets et les emballages superflus, et plus besoin de traîner des serviettes ou des tampons dans son sac à main. On peut trouver les coupes menstruelles dans différents magasins d'alimentation ou de produits naturels.

✦ **Choisissez du papier hygiénique ou des mouchoirs recyclés et non blanchis au chlore**

De nombreuses marques de papier hygiénique sont fabriquées à partir de fibres vierges, c'est-à-dire non recyclées. Le papier hygiénique est un produit à usage unique, bien entendu, impossible à recycler, et dont il serait difficile de se passer. Mais on peut tout de même faire l'effort de débourser un peu plus pour obtenir un papier recyclé. «Si chaque ménage au Canada remplaçait un seul rouleau de papier hygiénique [...] avec un rouleau de papier hygiénique recyclé, 47 962 arbres seraient épargnés[17].»

 ## Quelques données sur le papier[18]

- ✦ Chaque Canadien consomme en moyenne l'équivalent de quatre arbres en produits de papier.

- ✦ Chaque tonne de papier à base de cellulose fraîche demande jusqu'à 5 000 kWh d'énergie ; il en faut la moitié pour produire une tonne de papier recyclé.

- ✦ La substitution de fibres entièrement recyclées aux fibres vierges dans la fabrication du papier représente une économie de 58 % de la consommation d'eau, de 35 % de la pollution aquatique, de 74 % de la pollution atmosphérique et de 23 % d'énergie.

Le papier hygiénique recyclé est respectueux de l'environnement parce qu'il ne contribue pas à raser les forêts dans la même mesure que du papier traditionnel, et aussi parce qu'il requiert moins d'énergie à produire. Pour vous aider à démêler les mauvais rouleaux de papier hygiénique des bons, recherchez le sigle de la Forest Stewardship Council (FSC). La certification FSC constitue la seule garantie voulant que les produits proviennent de forêts aménagées de manière durable. Certains produits hygiéniques portent également l'éco-logo canadien « Choix environnemental », qui atteste que le produit respecte des standards élevés de conservation d'énergie ou est fabriqué à partir de matières recyclées. Le site de Greenpeace Canada fournit aussi des listes détaillées des produits sanitaires les moins dommageables pour l'environnement.

✦ Optez pour des mouchoirs de coton plutôt que des mouchoirs de papier

Voilà une autre solution écologique qui ne soulève pas d'enthousiasme chez nous ! Si je n'arrive pas à convaincre mon conjoint d'utiliser les mouchoirs lavables pour ses grosses grippes d'homme, je connais plus de succès auprès de mes deux jeunes garçons qui attrapent tout ce qui court.

Le nez de mon plus jeune a coulé de façon continue pendant six mois, sans exagération aucune. Les mouchoirs jonchaient les dessus de meubles, attendant patiemment leur deuxième utilisation avant d'être balancés à la poubelle. Si j'avais utilisé plutôt des mouchoirs de coton ou même des débarbouillettes de ratine, j'aurais peut-être sauvé un arbre !

Quand la saison des rhumes frappe à nos portes à présent, ce sont des mouchoirs de coton que l'on trouve un peu partout dans la maison.

Un truc : pourquoi ne pas conserver des boîtes de mouchoirs jetables et les remplir de mouchoirs de coton afin que cela demeure accessible et pratique ? On peut aussi garder un mouchoir dans sa poche ou dans sa manche.

✦ Évitez d'utiliser des rideaux de douche en plastique

Les rideaux de douche en plastique ou en vinyle ont une durée de vie limitée. Des rideaux de douche de coton ou de polyester constituent de bons choix puisque le tissu est lavable à la machine, ce qui prolonge sa durée de vie. Des rideaux de chanvre sont aussi une bonne option, car le matériel est naturellement résistant aux moisissures.

DANS LA SALLE DE LAVAGE

✦ Privilégiez les produits concentrés

En achetant les plus gros formats de détergent ou en optant pour les détergents concentrés, on réduit la quantité d'emballage qui se retrouvera au recyclage. Les plus gros formats sont plus économiques et le détergent n'est pas un produit qui risque de devenir périmé.

✦ Essayez les produits en vrac

Il n'y a pas que les denrées comestibles qui sont disponibles en vrac, mais aussi des savons biodégradables. La marque québécoise Lemieux offre ses produits nettoyants en vrac, disponibles dans différents points de vente. On peut apporter ses propres contenants et les faire remplir sur place. Je réutilise ainsi les contenants de vinaigre de quatre litres (on en passe beaucoup quand on lave des couches) en les remplissant de shampoing, de savon à vaisselle, de savon à main, de détergent à lessive, etc. Plus notre contenant est gros, plus on économise, car le prix diminue souvent en fonction de la quantité achetée. Depuis que j'ai commencé à utiliser les savons en vrac, la quantité de plastique dans mon bac à recyclage a diminué de moitié.

Des savons biodégradables
en vrac.

✦ Revoyez vos standards de propreté… à la baisse !

Avant de lancer un vêtement dans la corbeille à linge sale, inspectez-le pour des odeurs et des taches. Ça paraît ridicule à dire… pourtant, nombre d'entre nous balancent des vêtements propres dans la laveuse pour des offenses minimes (on l'a trouvé par terre ; on l'a porté une demi-heure ; on ne se souvient plus s'il est propre ; etc.). Le fait de laver moins souvent nos vêtements a un impact sur leur durée de vie, et cela implique des économies intéressantes en temps et en argent.

Par ailleurs, est-ce vraiment nécessaire de changer nos draps toutes les semaines ? En les changeant aux deux ou trois semaines, on évite bien des brassées de lavage inutiles. Les pyjamas des enfants et les nôtres aussi peuvent être portés plusieurs fois avant d'être considérés véritablement sales. Assouplissez votre politique !

✦ **Employez des produits biodégradables**

La plupart des détergents disponibles sur le marché comportent des substances nocives pour l'environnement (comme des phosphates). Lorsqu'elles sont rejetées avec votre eau de lessive, ces substances se retrouvent dans les cours d'eau, où elles peuvent causer des dommages sérieux à l'environnement. Employez donc des savons biodégradables, notamment ceux qui portent le sceau de l'OCDE.

Qu'est-ce qu'un produit biodégradable ?

Selon la définition, un produit biodégradable est capable de se décomposer rapidement dans des conditions normales. Quand on dit qu'un produit est biodégradable en dedans de vingt-huit ou trente-cinq jours, c'est donc dire qu'il a fallu tout ce laps de temps pour que les microorganismes décomposent les substances présentes dans le produit en substances plus simples (comme de l'eau, de l'ammoniaque, du dioxyde de carbone)[19].

Les produits qui portent la mention de l'OCDE ont été testés en laboratoire afin de déterminer que leur pourcentage de dégradation dans un intervalle de dix jours à l'intérieur d'un essai de vingt-huit jours était d'au moins 60 %. Un produit composé d'éléments naturels à 100 % – comme des huiles essentielles – est immédiatement biodégradable. D'ailleurs, les produits nettoyants qui se dégradent le plus rapidement sont le vinaigre et le bicarbonate de soude.

✦ **Boudez votre sécheuse**

Pendant plusieurs années, je n'ai pas eu de sécheuse. En fait, j'en avais une, mais elle n'entrait pas dans l'espace qui lui était dévolu… Elle a donc plutôt été remisée dans le garage jusqu'à il y a quelques mois. C'est lorsque mon plus jeune a eu une gastroentérite que je l'ai vraiment appréciée : les amoncellements de vêtements et de draps souillés ne débordaient plus du panier et je réussissais enfin à avoir le dessus sur le lavage abondant !

Pendant toutes les années qui ont précédé mon accès à la sécheuse, j'ai parfois dû faire preuve d'astuce lorsque le temps n'était pas assez clément pour faire sécher les vêtements dehors. Les draps, je les faisais sécher sur les portes (ça sèche en une nuit, pas si mal), les chemises prenaient place sur un cintre que j'accrochais sur la tringle du rideau de douche, et j'avais un étendoir installé en permanence près d'une bouche d'aération. Ça humidifiait la maison pendant les hivers froids et secs, et je n'avais pas besoin de recourir à un humidificateur dans la chambre du bébé puisque j'y faisais sécher ses couches.

Dans les faits, la sécheuse est un appareil moins énergivore qu'on serait porté à croire, à condition qu'on l'utilise à température moyenne (il en coûte environ 16 ¢ par cycle selon des moyennes effectuées par Hydro-Québec). C'est bien peu, mais avec sept à dix brassées par semaine, ça peut faire une différence !

✦ Essayez les noix de lessive

De plus en plus de gens adoptent les noix de lessive pour laver leurs vêtements. La coquille de ces noix, qui proviennent d'un arbre poussant au Népal et en Inde, libère de la saponine, un savon naturel, biodégradable et sans danger pour l'environnement. Le seul hic : pour que la saponine se

Les noix de lessive
sont biodégradables et sans
danger pour l'environnement.

libère, on doit laver à l'eau tiède ou à l'eau chaude. Mais on peut contourner ce problème en faisant tremper au préalable les noix dans un peu d'eau chaude, qu'on incorpore ensuite à la lessive.

Le produit est absolument écologique en plus d'être économique (un kilo de noix peut durer toute une année). On peut même composter les coquilles de noix une fois qu'on les a utilisées ! Pour s'en servir, il suffit de mettre quelques coquilles dans un sac en tissu noué (comme un sac pour les vêtements délicats ou même un vieux bas de nylon), et de le placer dans la laveuse avec les vêtements. Comme la saponine a une odeur assez neutre, on peut rajouter quelques gouttes d'huile essentielle à notre lavage si on aime que notre linge sente « propre ».

✦ Lavez à l'eau froide

On économise beaucoup d'énergie en lavant notre linge à l'eau froide plutôt qu'à l'eau tiède ou chaude. En moyenne, un cycle à l'eau chaude consomme 5 640 W/h comparativement à 240 W/h pour une brassée à l'eau froide[20]. Cela représente une économie d'énergie et d'argent évaluée à environ 140 $ par année.

✦ Ajoutez du vinaigre à votre eau de rinçage

L'acide contenu dans le vinaigre n'est pas assez corrosif pour abîmer le tissu des vêtements, mais il est tout de même capable de dissoudre les résidus alcalins laissés par les détergents. Le vinaigre empêche par ailleurs le jaunissement, assouplit le linge, réduit la statique et enraye les odeurs de moisissures. Chez moi, je me sers du réceptacle destiné à l'assouplisseur dans la machine à laver pour incorporer le vinaigre à l'eau de rinçage.

✦ **Utilisez du vinaigre pour faire disparaître les taches sur les vêtements**

Les taches de gazon, de café et de petits fruits comme les bleuets disparaissent mieux si le vêtement a trempé dans du vinaigre.

✦ **N'employez pas de javellisant à base de chlore**

Le chlore contenu dans l'eau de Javel se transforme en matière dangereuse (comme la dioxine, qui est cancérigène) lorsqu'il entre en contact avec des feuilles ou d'autres substances qui contiennent du carbone. Les substances toxiques qui proviennent de l'eau de Javel peuvent aboutir dans les nappes phréatiques et endommagent notre écosystème. Optez plutôt pour des produits à base de peroxyde ou d'eau oxygénée, qui sont disponibles dans les boutiques écologiques.

✦ **Évitez de faire nettoyer vos vêtements à sec**

La plupart des nettoyeurs à sec utilisent des produits chimiques comme le perchloro-éthylène (PERC) ou le tétrachloroéthylène, tous deux très dommageables pour l'environnement[21]. « Le PERC, un hydrocarbure chloré, est utilisé mondialement par 95 % des installations de nettoyage à sec. C'est un gaz volatil et nocif qui a un impact significatif sur la santé humaine et sur l'environnement[22]. » Il existe bien quelques nettoyeurs à sec qui sont considérés écologiques grâce à leurs procédés innovateurs, mais le plus simple est encore de se passer de nettoyage à sec en s'assurant lors de l'achat de vêtements qu'ils peuvent être lavés à la machine ou à la main.

Pour ceux qui ne peuvent pas se passer de nettoyage à sec (difficile de passer son complet-cravate au cycle délicat), on peut montrer notre fibre écologique en rapportant les cintres chez le nettoyeur (quelques nettoyeurs offrent même un crédit) ou en demandant que les vêtements ne soient pas emballés dans la housse protectrice en polyéthylène.

L'entretien ménager

Sans le savoir, de nombreux ménages consomment une quantité incroyable de produits nocifs pour l'environnement. Chaque fois qu'ils nettoient leur maison, ils polluent l'atmosphère, contaminent les nappes phréatiques et s'intoxiquent eux-mêmes. « Les produits de nettoyage d'usage courant peuvent contenir des ingrédients dangereux, notamment des cancérogènes, des allergènes, des neurotoxines, des agents inhibiteurs attaquant le système nerveux central, ainsi que des métaux lourds[23]. » Il est donc bon d'en limiter l'utilisation ou de trouver des solutions de rechange.

Loin de moi l'idée de vous conseiller de ne plus nettoyer votre maison (quoique, avec les enfants, pourquoi se donner tant de trouble ? Aussitôt nettoyé le jus renversé, des taches de doigts apparaissent miraculeusement dans la fenêtre...). Et puis, personne n'a besoin de la compa-

gnie des « minous » qui roulent sous les meubles (qui sait ce que ces mottes de poussière peuvent contenir !). Pour venir à bout de la tâche sans sacrifier la santé de notre planète, il suffit surtout d'éviter les produits jetables et de remplacer les produits de nettoyage par des options plus vertes.

En fait, le vinaigre, le jus de citron et le bicarbonate de soude peuvent être employés en grande quantité sans danger. Alors, allez-y, frottez !

+ **Remplacez vos produits d'entretien par des produits biodégradables**

Ce n'est pas parce qu'ils sont biodégradables qu'ils sont moins efficaces. Essayez le nettoyant Hertel, ou simplement du vinaigre et du bicarbonate de soude. Vous verrez comme ça étincelle !

Qu'il s'agisse de nettoyer votre four ou de déboucher les tuyaux, pas besoin de recourir à des produits chimiques toxiques. La plupart des produits vendus dans le commerce avec un sigle de main de squelette (corrosif) ou de tête de mort (poison) ont un équivalent tout aussi efficace et moins dangereux pour l'environnement et pour les enfants curieux.

Il n'est parfois pas nécessaire d'utiliser des produits abrasifs pour nettoyer les surfaces. Par exemple, on peut très bien nettoyer un bain avec un savon doux comme du savon à vaisselle, puisque la saleté qui s'y accumule n'est essentiellement composée que des résidus de savon.

Les multiples usages du vinaigre et du bicarbonate de soude

✦ Pour enlever le calcaire des éviers et des vitres de la salle de bain, imbibez un chiffon de vinaigre et essuyez.

✦ Pour nettoyer le four à micro-ondes, mélangez une part d'eau pour une part de vinaigre dans un bol résistant au micro-ondes. Chauffez à haute intensité jusqu'à ce que le mélange bouille puis utilisez la solution chaude pour essuyez les parois du four à l'aide d'un linge. Les résidus alimentaires seront plus faciles à déloger et il n'y aura plus d'odeur désagréable.

✦ Plutôt que des produits antibactériens, rien de mieux qu'un bon nettoyage au vinaigre (sur les poignées de porte, les sièges de toilette, les souris d'ordinateur, etc.).

✦ Employez du vinaigre et un peu de savon à vaisselle pour désinfecter les jouets dans de l'eau tiède.

✦ Saupoudrez les parois du four de bicarbonate de soude et vaporisez de l'eau pour humecter. Laissez reposer toute une journée puis grattez à l'aide d'une spatule pour déloger la saleté incrustée.

✦ À court de dentifrice ? Le bicarbonate de soude peut très bien faire l'affaire (quoiqu'il ne propose pas un goût de menthe fraîche).

Recettes de produits d'entretien ménager non dommageables pour l'environnement

Nettoyant pour les vitres

4 litres	eau
125 ml	vinaigre blanc
2,5 ml	détergent à vaisselle liquide

Poudre à récurer

500 ml	bicarbonate de soude
125 ml	borax

Débouche tuyau n° 1

250 ml	bicarbonate de soude
250 ml	sel
250 ml	vinaigre blanc
250 ml	eau bouillante

Mélangez le soda et le sel, versez dans le drain et ajoutez le vinaigre. Attendez quinze minutes puis versez de l'eau bouillante.

Débouche tuyau n° 2

125 ml	poudre de tartre
500 ml	bicarbonate de soude

Gardez le mélange dans un contenant. Versez le quart du mélange et 250 ml d'eau puis laissez bouillonner. Rincez avec de l'eau courante.

✦ **Évitez tout ce qui contient de l'ammoniaque, du chlore, des phosphates, des fragrances artificielles ou des nonylphénols**[24]

L'ammoniaque, le chlore et les phosphates sont présents dans de nombreux produits nettoyants. Ceux-ci sont nuisibles à l'environnement et peuvent aussi dégager des vapeurs toxiques. Quant aux fragrances artificielles ou au nonyl-phénol, ils sont fabriqués à partir de dérivés du pétrole et ne se dégradent à peu près pas dans l'environnement. À proscrire absolument !

✦ **N'utilisez pas de lingettes ou de balais électrostatiques**

Une fois que vous avez ramassé la poussière avec votre balai ou votre lingette électrostatique, l'étoffe n'est pas lavable et doit donc aller à la poubelle. Chaque lingette est composée d'un matériel non tissé, c'est-à-dire des fibres synthétiques comme des polymères, des matériaux non recyclés qui sont peu biodégradables.

Chaque année, les Nord-Américains envoient environ 83 000 tonnes de matériels non tissés synthétiques (ces chiffres comprennent également les lingettes humides pour essuyer les fesses du bébé) au dépotoir[25]. De plus en plus, les gens se tournent vers des solutions pratiques et faciles pour l'entretien de leur maison, car ils n'ont plus de temps à investir dans les corvées ménagères. Les produits jetables occupent ainsi une part de plus en plus grande du marché.

Soyons francs : ce n'est pas le fait de devoir conserver les lingettes pour un usage ultérieur qui constitue le véritable fardeau, c'est la corvée du ménage elle-même ! Puisque vous devez faire le ménage, procurez-vous donc des têtes de vadrouille lavables, et époussetez avec des chiffons réutilisables. Au bout du compte, ça vous fera une brassée de lavage de plus de temps à autre, mais un sac de vidanges de moins à mettre au chemin (bien sûr, il faudra peut-être alors revoir la distribution des tâches domestiques si votre conjoint se tourne les pouces parce qu'il n'y a plus de déchets à sortir le jeudi soir…).

✦ Recyclez les vêtements en guenilles

Lorsque les vêtements sont trop usés pour être acheminés dans un centre de revalorisation des vêtements, on peut les découper et en faire des guenilles. Autrefois, les ménagères utilisaient les retailles de tissu pour confectionner des courte-pointes et des tapis. Avec le boulot et les enfants, rares sont ceux qui ont toujours ce loisir. Mais il demeure assez simple de faire des guenilles. Les serviettes peuvent être utilisées telles quelles pour ramasser de gros dégâts ou pour protéger les planchers lorsqu'on fait de la peinture (plutôt que d'employer des feuilles de polyéthylène). Les vieux chandails de coton et les chaussettes trouées ramassent bien la poussière. On peut aussi garder des morceaux de tissus pour faire d'éventuelles « patchs » sur les vêtements troués des enfants.

Les vieux chandails de coton ramassent bien la poussière.

✦ **Limitez votre utilisation du barbecue**

Le barbecue au charbon de bois produit des gaz à effet de serre ainsi que de fines particules qui polluent l'air qu'on respire. Il est mieux de s'en passer, surtout en période de smog, l'été. De plus, la transformation du bois en charbon, son emballage et son transport sont eux aussi émetteurs de gaz à effet de serre. Le barbecue au propane dégage moins de CO_2 que celui au charbon de bois, mais l'option la plus écologique demeure le barbecue... électrique.

L'aménagement paysager et le potager

✦ **Plantez des espèces végétales rustiques**

Les végétaux rustiques sont des plantes indigènes que l'on trouve à l'état naturel au Québec et qui requièrent moins d'entretien, d'arrosage et d'engrais puisqu'ils sont adaptés au climat et au type de sol de notre région. Les plantes vivaces requièrent d'ailleurs moins d'eau que les plantes annuelles ou les pelouses. C'est donc une bonne idée d'en planter afin de diminuer la surface des pelouses et ainsi réduire la consommation d'eau potable consacrée à l'arrosage. Renseignez-vous auprès d'un architecte paysagiste ou dans une pépinière avant d'acheter des végétaux.

✦ Ne plantez pas de fleurs annuelles

Les annuelles sont jolies et elles égaient notre parterre… mais elles ne sont pas idéales pour l'environnement. En effet, leur croissance requiert plus d'engrais et d'eau, sans compter qu'elles arrivent jusqu'à nous dans des bacs en styromousse qui ne sont pas recyclables.

✦ Semez du trèfle ou du seigle bâtard plutôt que du gazon

Le trèfle blanc est une graminée qui, contrairement aux variétés de gazon normalement vendues dans le commerce, est adaptée à notre climat et nécessite moins de fertilisants et d'eau. Il pousse de façon naturelle, est très agréable et doux pour les pieds. Le seigle bâtard est une autre option verte pour la pelouse.

Une pelouse écologique, quel bonheur pour les enfants !

✦ Plantez des fleurs, des plantes couvre-sol et des légumes

Une grande surface consacrée à une seule espèce, comme une grande pelouse verdoyante, ne constitue pas un écosystème naturel. Cela prend donc nécessairement plus de fertilisants et d'eau pour l'entretenir. Accordez plus de place à vos fleurs !

✦ Plantez des arbres

Outre le fait que les arbres emmagasinent le CO_2 et assainissent l'air, ils peuvent aussi vous aider à réduire votre consommation d'énergie. Ainsi, des arbres plantés du côté sud donneront de l'ombre sur la maison en été, et des conifères placés du côté nord protégeront votre demeure des vents froids l'hiver, diminuant ainsi vos besoins en chauffage.

✦ Rapportez les contenants des végétaux à la pépinière

La plupart des pépinières et des centres de jardinage reprennent avec joie les pots une fois que les plantes ont été transplantées. Ils s'en serviront de nouveau pour une autre plante, et la réutilisation est toujours mieux que le recyclage.

✦ Utilisez une tondeuse mécanique

Les tondeuses mécaniques ne dépensent aucune autre forme d'énergie que les calories. Un excellent choix, sans compter que c'est moins bruyant.

Une tondeuse mécanique.

✦ Une tonte écologique ?

Votre gazon aura moins besoin de fertilisants et d'arrosage si vous le coupez moins ras et si vous laissez les résidus de gazon sur la pelouse, où ils se décomposeront et iront engraisser naturellement le sol.

✦ N'arrosez pas trop votre pelouse et vos végétaux

Si vous avez pris soin de choisir des variétés de végétaux rustiques, ils n'auront pas besoin d'autant d'entretien ou d'eau et s'accommoderont bien de ce qui tombe du ciel au cours de l'été. Si toutefois vous devez arroser, faites-le le matin ou le soir afin d'éviter l'évaporation de l'eau au contact du soleil.

✦ Munissez-vous d'un récupérateur d'eau de pluie

S'il n'est pas véritablement nécessaire d'arroser vos végétaux rustiques ou votre pelouse, il n'en est pas de même pour votre jardin. Un récupérateur d'eau de pluie placé sous vos gouttières ou sous le toit de la maison vous permettra d'économiser l'eau du robinet. Auparavant, j'utilisais une vieille poubelle pour emmagasiner l'eau de pluie, mais il me fallait toujours la couvrir lorsque le beau temps revenait, question d'éviter que les moustiques n'y pondent leurs œufs. De fait, il n'était pas rare que je rate une bonne ondée.

Un récupérateur d'eau de pluie.

Mon conjoint m'a récemment offert un récupérateur d'eau de pluie de la compagnie québécoise Alter-éco. Les récupérateurs d'Alter-éco sont faits à partir de barils qui ont servi à transporter des denrées comestibles (comme les olives). Les contenants sont munis d'un grillage spécial pour empêcher les moustiques de proliférer et d'un robinet pour faciliter l'arrosage. L'art de réutiliser à son meilleur ! Le seul hic : la pression d'eau n'est pas bien forte et il faut placer le baril en hauteur pour obtenir un débit adéquat. Toutefois, c'est à la portée des enfants, et je peux les laisser emplir leurs arrosoirs sans arrière-pensée pour le gaspillage d'eau.

✦ Mettez du paillis autour des végétaux

Le paillis est un moyen naturel d'empêcher les mauvaises herbes de pousser, de même qu'une façon pratique de préserver l'humidité du sol, ce qui évite des arrosages. Des journaux déchiquetés et humectés (afin qu'ils ne s'envolent pas lors de la pose) peuvent servir de paillis dans le jardin ou les parterres. Les mauvaises herbes ne peuvent pousser au travers des journaux qui, lorsqu'ils se décomposent, enrichissent le sol.

✦ Utilisez des cartons d'œufs pour vos semis

Les contenants d'œufs peuvent être utilisés pour faire pousser les semis de plantes à l'intérieur. Qu'ils soient en plastique ou en carton, les contenants d'œufs réutilisés vous éviteront de devoir acheter des bacs en plastique vendus dans le commerce à cet effet. Les contenants en plastique peuvent être utilisés plusieurs fois ou peuvent être rincés et mis au recyclage après la transplantation ; ceux en carton peuvent aller enrichir votre compost, car ils ne peuvent plus être recyclés une fois qu'ils ont été souillés.

✦ Faites un jardin

Lorsqu'on cultive un jardin, on mange forcément des légumes locaux qui n'ont pas voyagé ni engendré de dépenses d'énergie pour arriver dans notre assiette. C'est bon pour notre santé et pour l'environnement.

Jardiner avec les enfants est une expérience enrichissante à de nombreux points de vue. Les tout-petits retirent un énorme plaisir à goûter aux aliments qu'ils ont soignés tout au long de leur croissance. Impliquez votre enfant dans le choix des graines à semer et accordez-lui un coin de potager où il pourra planter les légumes de son choix. Si vous en êtes à votre première expérience de jardinage, commencez avec des légumes qui poussent facilement (comme les carottes), qui poussent rapidement (comme la laitue), ou qui font de gros fruits impressionnants aux yeux des enfants (comme les courges et les citrouilles).

Le compostage

Les déchets organiques qu'on enfouit dans les dépotoirs émettent de grandes quantités de méthane, un gaz à effet de serre. Le compostage permet de contourner en partie cette problématique : «Une famille de trois personnes peut, grâce au compostage, réduire de plus de ⅛ de tonne chaque année les émissions de gaz à effet de serre[26].» En compostant, on envoie moins de déchets au dépotoir, et on utilise donc moins d'énergie fossile non renouvelable lors du transport au site d'enfouissement.

Beaucoup de gens se découragent quand on leur explique le processus. Il faut accumuler, couper, alterner, aérer, brasser, évaluer. Tout ça semble si compliqué ! Et puis, je ne connais pas beaucoup de parents à qui sourit la perspective de remuer un tas de compost entre une brassée de lavage et un devoir de mathématiques à superviser. Pourtant, le compostage peut être une activité particulièrement divertissante pour les familles, de même qu'un excellent outil éducatif, puisqu'il nous permet de responsabiliser les enfants face aux déchets que nous produisons et à leur impact sur notre environnement. On peut impliquer les enfants dans la confection de la «soupe du jour»; ça les fait toujours rigoler de voir tous ces détritus lancés pêle-mêle dans le baril de compostage.

Un composteur fait de vieilles planches et une butte pour ramasser les feuilles.

Le compostage peut être complexe, mais aussi très simple, dépendamment de notre degré d'implication. Comme pour les couches, j'ai opté pour la méthode de la paresseuse. Je préfère simplement gérer mes déchets organiques, tant pis si mon compost ne gagne pas de concours pour sa qualité.

 ## Compostage pour les paresseux

Inutile d'acheter un tonneau spécialisé, quelques retailles de bois assemblées pour former une grosse caisse peuvent très bien faire l'affaire. Pas besoin de précision dans l'assemblage puisque le compost a besoin de respirer, donc on laisse beaucoup d'espace entre les planches. On peut aussi désigner un endroit particulier dans la cour pour accumuler les feuilles mortes et les déchets organiques. Ça fait d'ailleurs une butte fort pratique quand vient le temps des glissades sur la neige.

Le principe du compostage est plutôt simple : il s'agit de mélanger environ une part de «vert» pour une part de «brun». Le vert, ce sont toutes les retailles de fruits et de légumes, cuits ou non (mais attention, sans sauce ni huile) : pelures de carottes, épi de maïs, cœurs de pommes et de poires, purée de haricots non appréciée par le bébé et périmée, etc. Le brun est constitué de feuilles mortes ou de gazon séché, de marc de café, de poches de thé et de tisane. On place les retailles de fruits et de légumes (le «vert»), puis on les recouvre d'une couche de «brun», notamment pour empêcher les odeurs et pour éloigner les mouches. On peut aussi se servir de journaux déchiquetés pour remplacer les feuilles. On ne mélange pas le compost, on le laisse se débrouiller tout seul. Ça finit par se décomposer tout de même, mais le processus est plus lent. Avec cette méthode, on ne perd pas de temps, et on économise en sacs à ordures.

La piscine

La piscine familiale a un impact assez important sur l'environnement, notamment en raison du gaspillage d'eau, de l'utilisation de produits chimiques pour en contrôler la qualité, ou d'énergie pour activer son filtre et la maintenir à une température optimale durant la saison estivale. Les résidences avec piscines utilisent deux fois plus d'eau à l'extérieur que les résidences sans piscine. Chaque été, c'est environ 75 000 litres d'eau (multiplié par 300 000 piscines, au Québec seulement) qui sont ainsi gaspillés, sans compter les 30 kilos de chlore et les 200 $ d'électricité qui sont nécessaires pour la faire fonctionner[27]. Lorsqu'on entretient notre piscine, l'eau déversée lors du « *back wash* » libère une certaine quantité de chlore directement dans l'environnement. Il n'y a pas de doute, la piscine nuit à l'environnement.

Idéalement, on se passerait de ce luxe et on utiliserait plutôt les piscines publiques pour se rafraîchir. Si vous songez quand même à en installer une pour le plus grand bonheur de vos petites frimousses, choisissez un modèle hors terre de dimension plus restreinte. Les piscines creusées consomment en effet presque 20 % plus d'eau pour une superficie équivalente. Si vous avez déjà une piscine mais que vous souhaitez l'utiliser de la façon la plus respectueuse pour l'environnement qui soit, inspirez-vous des conseils suivants.

✦ Raccourcissez la période d'ouverture de la piscine

En général, il est bien rare qu'on se baigne avant la fin du mois de juin au Québec, ou après la fête du Travail, alors que les enfants sont retournés à l'école. Commencez donc à préparer votre piscine vers la deuxième semaine de juin et fermez-la à la première occasion, aussitôt les grosses chaleurs terminées.

Une minuterie installée sur la pompe de la pisine.

✦ Utilisez une minuterie sur la pompe du filtre

La pompe de la piscine n'a pas besoin de fonctionner en permanence pour être efficace. Certains nouveaux modèles possèdent une minuterie intégrée, mais, sinon, l'achat d'une minuterie permettra d'économiser de l'énergie et de l'argent (les économies réalisées varieraient entre 60 $ et 85 $ par année[28]). Réglez la minuterie pour que la pompe fonctionne deux heures, puis s'éteigne deux heures. Pendant la nuit, on peut même l'éteindre complètement. Assurez-vous d'avoir la bonne minuterie pour votre piscine (celle-ci doit pouvoir soutenir l'ampérage de votre pompe, être résistante à l'eau, être adaptée à une piscine hors terre ou creusée, etc.).

✦ Employez une toile isolante

La toile isolante limite la perte de chaleur de l'eau et empêche également son évaporation.

✦ Ne chauffez pas l'eau de votre piscine

Après tout, le but, c'est de se rafraîchir, non ? Si vous y tenez, optez pour un chauffe-eau solaire plutôt que pour un système conventionnel, assez énergivore, même dans le cas d'une thermopompe.

✦ Investissez dans un ionisateur ou un générateur d'ozone

Ces deux appareils réduisent l'utilisation du chlore pour entretenir la qualité de l'eau. Ces dispositifs sont assez dispendieux (1 000 $ à 2 000 $), mais compte tenu du fait qu'on économise en chlore, ils peuvent s'amortir sur la durée de vie de la piscine.

Journaux, revues, courrier et circulaires

✦ Inscrivez-vous à des modes de paiement de factures en ligne et au dépôt direct

Un bac de recyclage plein, c'est bien, mais un bac vide, c'est encore mieux ! C'est dans cette optique que je me suis lancée dans la très folle aventure de la réduction à la source du papier qui s'accumulait chaque semaine dans notre bac vert. Au fur et à mesure que je recevais des comptes, je tentais de m'inscrire à leur système d'envoi électronique. Vingt-deux noms d'usagers et douze mots de passe différents plus tard, je peux dire que le bon vieux bac à recyclage s'en porte mieux. En tout et partout, ça m'a bien pris une semaine, quelques téléphones (parfois très décourageants et très irritants dans le cas de certaines institutions), mais ma pile de courrier a nettement diminué. En plus de sauver du papier, cela économise aussi en transport (moins de carburant pour transporter des lots de factures mensuelles, donc moins de pollution). Lorsque c'est nécessaire, je peux imprimer certains relevés indispensables (comme les transactions des cartes de crédit ou du téléphone), et je peux le faire sur du papier recyclé.

En payant nos factures en ligne plutôt que par guichet ou par courrier, nous sauvons des enveloppes, des timbres et du temps. Sans compter que c'est plus agréable de payer des factures dans le confort de nos pantoufles.

Certaines entreprises offrent elles-mêmes le service de facture électronique, tandis que d'autres vous

réfèrent au site Internet de Postel (www.epost.ca).
Postel est un service de Postes Canada auquel il est
possible d'adhérer (moyennant un nom d'usager et
un mot de passe) afin d'être avisé par courriel
lorsque des factures arrivent dans notre boîte de
réception. Le choix des compagnies inscrites à Postel
est toutefois assez limité, mais on y trouve les principales institutions financières et de crédit, les compagnies de téléphonie (Bell, Vidéotron, Télus) ainsi
que quelques grands magasins (La Baie, Zellers,
Canadian Tire). Parmi les compagnies qui offrent les
factures électroniques sans intermédiaire, le principe
est le même que pour Postel : on vous avise normalement par courriel que votre facture est prête. Ces
sociétés avant-gardistes comprennent plusieurs institutions financières, compagnies de carte de crédit
(Visa, Mastercard, American Express), quelques
entreprises de service (Bell, Hydro-Québec), des
compagnies d'assurance, des municipalités, etc.
Renseignez-vous auprès de vos fournisseurs... et
trouvez-vous un bon endroit où inscrire vos différents noms d'usager et mots de passe !

✦ **Accumulez tous les reçus et les factures**

Lors de vos courses, adoptez le réflexe de toujours
prendre les coupons de caisse afin de pouvoir les
recycler. Sinon, le commerçant les dirigera probablement vers la poubelle la plus proche.

✦ **Partagez vos abonnements ou trouvez
    de nouveaux lecteurs pour vos revues**

Ma belle-sœur est abonnée à une excellente revue
pour les parents, et quand elle a terminé la lecture
d'un numéro, c'est à mon tour de le lire. Les

articles sont souvent toujours d'actualité, même si la revue est parfois parue depuis trois mois quand je la lis enfin. Ma mère et moi partageons l'abonnement à une autre revue, puis quand nous avons toutes les deux terminé de la lire, elle va la porter dans une résidence pour aînés afin que d'autres puissent en bénéficier.

✦ **Annulez votre abonnement au journal
ou inscrivez-vous aux nouvelles en ligne**

Les journaux entrent majoritairement dans la catégorie des biens à usage unique, c'est-à-dire dont on dispose après une seule utilisation. Chaque jour, des tonnes de papier, d'eau, d'encre et de transport entrent en jeu pour la fabrication et la livraison du journal à votre domicile. Et rares sont ceux qui lisent scrupuleusement chaque article et chaque section du journal. Il y a donc là une grande quantité de gaspillage, et c'est sans parler des nombreuses annonces et des circulaires qui déboulent lorsqu'on l'ouvre.

La plupart des grand journaux offrent des éditions en ligne.

Si l'on tient beaucoup à notre journal, on peut songer à garder notre abonnement seulement pour les journées où on le lit le plus (comme les lundis ou les fins de semaine).

✦ **Une livraison du journal plus écologique ?**

Les journaux livrés à notre porte quotidiennement sont souvent emballés d'un sac en plastique ou d'un élastique. Demandez à votre livreur de ne pas en utiliser pour votre journal et prévoyez une boîte aux lettres suffisamment grande pour pouvoir accueillir l'édition du samedi. Vous pouvez aussi accumuler les sacs et conserver les élastiques afin de les rendre au livreur qui pourra s'en servir de nouveau.

Si on habite en région, on peut renoncer à faire livrer le journal à notre domicile (les chances sont que notre livreur utilise sa voiture pour nous l'apporter, ce qui gaspille beaucoup de carburant) et se le procurer plutôt à l'épicerie en faisant les courses, ou se contenter de lire celui disponible au bureau ou au restaurant. Enfin, de nombreuses personnes optent maintenant pour l'édition électronique des grands journaux. Elles ont ainsi accès aux mêmes reportages, dans le confort de leur domicile ou au bureau, le papier en moins.

✦ Apposez une étiquette « Pas de circulaires » sur votre boîte aux lettres

Je suis de celles qui dépouillent consciencieusement les circulaires hebdomadaires afin de dresser ma liste d'épicerie de la semaine. Je percevais donc le Publisac comme un réel service public... jusqu'à ce que je prenne conscience de la quantité de papier qui se retrouvait immédiatement au bac à recyclage sans même que je lui accorde un coup d'œil. « Le Conseil régional de l'environnement de Montréal a calculé que, à Montréal seulement, chaque citoyen reçoit en moyenne 12,5 kilos par année de papier, et on ne parle ici que des Publisacs. C'est plus de 43 000 arbres qui sont donc nécessaires à la production de ces publicités[29]. »

Comme seulement quelques-unes des circulaires contenues dans le Publisac m'intéressaient réellement, j'ai donc résolu de m'abonner plutôt aux circulaires électroniques des supermarchés d'alimentation que je fréquente régulièrement. On y retrouve toute l'information nécessaire et on peut imprimer uniquement les coupons dont on se servira vraiment, sans gaspillage.

✦ Réduisez le courrier et la publicité non sollicités

Une fois qu'on a réussi à éliminer à la source le courrier généré par les factures, on continue tout de même de recevoir d'innombrables publicités et d'être sollicité par la poste. Une bonne façon d'éliminer cette correspondance indésirable est d'utiliser le système mis en place par l'Association canadienne du marketing grâce à son « service d'interruption de sollicitation ». Il n'y a qu'à remplir un formulaire en ligne pour faire rayer son nom des principales listes de sollicitation (tant téléphonique que par courrier ou télécopieur). Un nom rayé doit disparaître des listes moins de six semaines après le dépôt de la demande à cet effet, puis demeurer rayé pendant trois ans.

✦ Conservez les enveloppes

À l'intérieur des comptes ou du courrier non sollicité par la poste, on reçoit souvent des enveloppes de retour, parfois préaffranchies. Il est possible de les réutiliser pour nos envois personnels plutôt que de les recycler. On place un autocollant pour masquer l'adresse inscrite sur l'enveloppe, on colle un timbre par-dessus celui imprimé (n'essayez surtout pas d'utiliser l'affranchissement pour envoyer votre lettre ailleurs !) et le tour est joué.

On peut aussi se servir de toutes les enveloppes déchirées qui contenaient notre courrier comme

Il est possible de réutiliser des enveloppes de retour pour des envois personnels.

bloc-notes, pour inscrire notre liste d'épicerie ou pour prendre des messages téléphoniques.

✦ **Faites oblitérer vos envois directement au bureau de poste**

Plutôt que d'apposer des timbres sur vos envois, faites oblitérer vos lettres directement au bureau de poste. Les timbres imprimés sont certes moins jolis, mais ils consomment moins de ressources. Ce ne sont pas tous les bureaux de poste qui offrent le service par contre, et ça peut coûter un peu plus cher. On peut appliquer le même principe aux adresses de retour et nous faire faire une étampe comportant notre adresse personnalisée plutôt que de recourir à des autocollants.

Les poubelles

Chaque année, des milliers de tonnes de déchets prennent le chemin des dépotoirs. Loin des yeux... le problème semble disparaître par lui-même et peu de gens se soucient de leurs déchets une fois le camion de vidanges passé. Le problème de la récupération des ordures devrait pourtant inquiéter. «Environ 38 % des émissions de méthane au Canada proviennent des décharges. Le méthane est un gaz à effet de serre vingt fois plus puissant que le dioxyde de carbone[30].» Il est donc important de modérer notre gaspillage et de surveiller étroitement le contenu de nos sacs à ordures.

✦ **Compostez vos déchets organiques**

En compostant vos déchets organiques, vous allégez le contenu de votre sac de vidanges et vous réduisez vos émissions de gaz à effet de serre. Consultez la section sur le compostage en page 165.

✦ Mettez vos petits sacs à ordures directement dans le contenant de la poubelle

Certaines municipalités insistent pour l'utilisation de sacs à ordures noirs de type Glad. Mais là où c'est permis, contentez-vous donc de la bonne vieille poubelle.

Utilisez la bonne vieille poubelle, sans sac à ordures.

En effet, on a vraiment tendance à bichonner nos vidanges. On voudrait que notre poubelle soit immaculée, alors on la borde d'un sac à ordures en plastique dans lequel on dépose nos autres petits sacs de vidanges. Pourquoi tant de scrupules ? Tout ça prend le chemin d'un dépotoir, alors est-ce vraiment nécessaire de rajouter un autre sac en plastique pour que le tout demeure bien étanche ?

✦ Ne jetez pas les ampoules aux ordures

Bien que les ampoules électriques, incandescentes ou fluorescentes ne soient pas recyclables, il ne faut pas non plus les jeter aux ordures. Les ampoules contiennent des substances toxiques (néon, mercure et autres) qui peuvent se retrouver dans l'environnement. Il faut donc les conserver et les déposer dans un écocentre ou les apporter avec nous lors des collectes des produits domestiques dangereux.

✦ Demeurez aux aguets lors des journées de collecte

Oserais-je l'avouer ? Nous possédons beaucoup de meubles qui ont été sauvés des vidanges. Pratiquement chaque pièce de la maison compte au moins un morceau « récupéré » : l'armoire dans la salle à manger, repeinte en bleue ; le meuble à disques compacts dans le salon, décapé puis teint en brun ; la penderie de mon plus vieux, avec une légère entaille dans la porte du bas, mais tout à fait fonctionnelle et parfaitement assortie aux meubles légués par ma mère ; la chaise haute pour bébé, le coffre à linge sale, notre table de chevet, et j'en passe.

Tous ces meubles ou objets auraient pu être donnés à une œuvre charité, mais les propriétaires précédents avaient choisi de les mettre au chemin (ce qui ne signifie pas pour autant que ce sont des ordures !).

Le chauffage, l'électricité et l'eau chaude

✦ **Utilisez l'électricité en dehors des heures de pointe**

Au Québec, le taux horaire pour l'électricité ne varie pas en fonction de l'heure de la journée, mais c'est pourtant le cas dans plusieurs régions du monde, dont certaines provinces canadiennes. Ce système a pour but d'inciter les gens à réduire leur utilisation non essentielle de l'électricité pendant les heures de pointe, ce qui a des effets positifs pour l'environnement. En effet, lorsque tout le monde emploie de l'énergie en même temps, les installations électriques ont davantage recours à des sources d'énergie plus polluantes (comme les centrales au charbon) afin de répondre à la demande. Aussi, cela force les sociétés productrices d'électricité à développer davantage leur réseau, ce qui signifie la construction d'infrastructures supplémentaires, souvent au détriment de la faune et de la flore existantes (usines de production, barrages, pylônes, détournement de cours d'eau, etc.). Il n'en demeure pas moins intéressant au Québec d'éviter autant que possible la consommation d'électricité en heure de pointe. De cette façon, l'électricité économisée peut être distribuée dans des régions avoisinantes qui n'ont pas les infrastructures hydroélectriques dont nous profitons et qui peuvent modérer ainsi leur production plus polluante d'électricité, le tout pour le bien de l'environnement dans son ensemble. De plus, une telle pratique responsable profite à la richesse collective de notre province.

En général, les périodes plus achalandées sont la semaine, entre 7 h et 20 h. Cela suit en fait le rythme normal de la vie quotidienne : du moment qu'on se lève, qu'on travaille, qu'on prépare des repas et qu'on chauffe notre demeure, on consomme plus d'électricité. La fin de semaine est une période plus calme, notamment parce que les industries et certains commerces sont fermés.

Il y a bon nombre d'activités qu'on peut repousser à un autre moment, lorsque l'électricité est moins en demande. Par exemple, on peut attendre l'heure du coucher avant d'activer le lave-vaisselle, la laveuse ou la sécheuse. Ces appareils peuvent faire leur boulot sans notre supervision. On peut prendre notre douche ou notre bain le soir, avant de se coucher, ou très tôt le matin. Si on doit faire une brassée de lavage à l'eau chaude, on attend à la fin de semaine. On cuisine aussi tous nos plats les fins de semaine, puis on les réchauffe au four à micro-ondes les soirs de semaine.

✦ Optez pour des couvertures chauffantes ou des chaufferettes d'appoint

La nuit, vous pouvez baisser les thermostats de plusieurs degrés afin d'économiser de l'électricité. Chaque degré de moins vous fait économiser environ 5 % sur vos frais de chauffage. Si vous avez des thermostats individuels, ajustez la température pour que ce soit plus confortable uniquement dans les pièces occupées (chambres et salles de bains). Si votre système de chauffage est centralisé, diminuez tout de même la température de plusieurs degrés et réchauffez les frileux au moyen d'une couverture chauffante ou d'appareils de chauffage d'appoint. La prudence s'impose en utilisant ces appareils, par contre, notamment avec de très jeunes enfants.

✦ Restreignez votre utilisation du foyer

« Au Québec, le chauffage au bois résidentiel produit près de la moitié des particules fines qui contribuent au smog, devançant le secteur des transports et des industries[31]. » À moins qu'il ne s'agisse d'un foyer de masse, il y a fort à parier que la fumée qui s'échappe de votre joli feu de foyer comporte beaucoup d'émissions nocives. « Le problème provient du fait que, très souvent, les appareils de chauffage au bois n'atteignent pas une température suffisamment élevée pour brûler complètement le bois. Ainsi, des matières non brûlées sont rejetées dans l'air et une vaste gamme de contaminants – dont le dioxyde de carbone, le monoxyde de carbone, l'oxyde d'azote et le formaldéhyde[32]. »

On peut malgré tout faire plus écolo en s'assurant d'alimenter le foyer avec des produits moins nocifs et plus écologiques. Par exemple, la bûche Eco-logic est fabriquée à partir de bran de scie récupéré de compagnies qui manufacturent des planchers de bois franc. Comme le bran de scie ne comporte pas d'écorce, les bûches n'émettent pas de créosote, un agent extrêmement polluant. Aussi, brûlez du bois bien sec qui a été mis à sécher convenablement.

✦ Changez vos ampoules à incandescence pour des modèles fluocompacts

Voici un changement qui peut s'effectuer tout en douceur. Lorsque vos ampoules régulières grillent, remplacez-les par un modèle moins énergivore. Elles durent de six à dix fois plus longtemps (donc moins d'ouvrage pour les remplacer) et consomment jusqu'à 75 % moins d'énergie. Comme elles dégagent moins de chaleur que les ampoules régulières, elles représentent une option plus sécuritaire dans une maison où il y a des enfants. Par contre, comme elles contiennent une petite quantité de mercure, il faut s'assurer d'en disposer convenablement lorsqu'elles ne fonctionnent plus (notamment en les apportant lors des collectes annuelles de résidus domestiques dangereux).

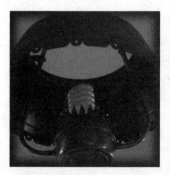

Les ampoules fluocompactes consomment jusqu'à 75 % moins d'énergie que les modèles à incandescence.

✦ Adoptez les ampoules DEL[33]

Il est maintenant possible de remplacer les ampoules incandescentes par des ampoules DEL (diodes électroluminescentes), qui ont été adaptées pour les lampes usuelles. Quoique plus dispendieuses à l'achat, les ampoules qui utilisent la technologie DEL sont trois fois plus efficaces que les fluocompactes, et donc encore plus économiques. Les ampoules DEL sont censées durer une dizaine d'années, et malgré leur coût initial (qui oscille entre 20 à 35 $ l'unité), on arrive à récupérer son investissement dès la deuxième année d'utilisation.

Les ampoules DEL sont aussi plus intéressantes du point de vue environnemental puisque, en plus de consommer moins d'énergie, elles ne contiennent aucune substance nocive (comme le mercure dans les fluocompactes). De plus, leur durée de vie est si longue qu'on estime que deux ampoules DEL peuvent remplacer l'équivalent de vingt ampoules fluocompactes (ou cent ampoules incandescentes). On envoie donc moins d'ampoules au recyclage.

Une ampoule DEL de 100 lumens (environ 30 watts).

✦ Diminuez de quelques degrés la température de votre chauffe-eau

La plupart des chauffe-eau résidentiels sont réglés à 60 °C. « À cette température, l'eau met d'une à trois secondes à brûler la peau d'un adulte et moins d'une seconde à brûler celle d'un enfant[34]. » On conviendra tous qu'il n'est pas nécessaire que l'eau soit aussi chaude puisque, si on a besoin d'eau bouillante, on peut utiliser une bouilloire. Pour se laver les mains ou prendre une douche, de l'eau moins chaude ferait très bien l'affaire et consommerait ainsi moins d'électricité. Pour prévenir les brûlures de nos tout-petits et pour conserver l'énergie, on peut aisément abaisser la température du chauffe-eau à 49 °C[35].

✦ Isolez les tuyaux d'eau chaude en cuivre

Voilà une opération qui s'effectue facilement et à peu de frais. En isolant vos tuyaux d'eau chaude qui traversent les endroits non chauffés (comme le sous-sol), vous économisez de l'énergie et vous gaspillez moins d'eau (on laisse souvent couler de l'eau inutilement afin d'obtenir de l'eau chaude).

✦ Jouez avec vos rideaux

L'été, fermez les rideaux dans la maison pendant le jour afin de ne pas laisser pénétrer les rayons du soleil. L'hiver, faites l'inverse, et laissez pénétrer le soleil afin de chauffer naturellement votre demeure.

✦ Changez le filtre de votre fournaise régulièrement

L'accumulation de poussière dans le filtre fait augmenter la consommation énergétique de votre fournaise. On recommande de le changer tous les mois lorsqu'il est utilisé.

✦ Débrancher votre deuxième réfrigérateur et tout autre appareil non utilisé

Le réfrigérateur est un des appareils les plus énergivores de la maison, étant responsable à lui seul d'environ 10 % de la consommation d'énergie des particuliers. Dans bien des ménages québécois, un vieux réfrigérateur, souvent pas très efficace du point de vue énergétique, trône au sous-sol en attendant le prochain réveillon où il sera utile. Pourquoi ne pas le débrancher lorsqu'il n'est pas utilisé ? Attention : lorsque le frigo ne fonctionne pas, il est important d'empêcher sa porte de fermer pour éviter les mauvaises odeurs.

Il y a quelques mois, je me suis enfin rangée au gros bon sens et j'ai débranché le frigo du sous-sol qui servait à entreposer les sacs de lait. Il m'a fallu revisiter mon approvisionnement en lait (pas aussi facile que ç'en a l'air quand un des enfants boit du lait 3,25 %, l'autre du 2 %, mon conjoint, du écrémé, et moi, du lait de soya), et organiser autrement les menus lorsque je reçois à dîner. N'empêche que, après deux mois, j'ai observé une différence substantielle de quelques dizaines de dollars sur ma facture d'électricité.

Faites le tour de votre propriété et assurez-vous de débrancher des appareils dont vous ne vous servez qu'à l'occasion. Même en mode veille, les appareils continuent de gruger de l'électricité. C'est le cas notamment des ordinateurs, imprimantes, télécopieurs, modems, chargeurs de téléphone, etc. Le soir, lorsque je ferme l'ordinateur, je ferme aussi la prise d'alimentation à laquelle sont reliés tous les appareils et leur donne un repos bien mérité.

L'utilisation responsable de l'automobile

Le transport routier est à l'origine de la moitié des émissions de gaz à effet de serre, dont chaque Canadien émet en moyenne cinq tonnes annuellement[36]. Chaque litre d'essence consommé par une voiture rejette dans *l'atmosphère 2,4 kg de CO_2, un des principaux gaz à effet de serre. On peut donc difficilement concilier un mode de vie plus vert et l'utilisation de la voiture.*

Les solutions de rechange pour le transport sont souvent mal adaptées à la réalité des familles. Sans changer de modèle de voiture, on peut cependant se montrer plus respectueux de l'environnement grâce à la façon dont on utilise son véhicule.

 ## Les gaz à effet de serre

Les changements climatiques dont on parle beaucoup dans les médias depuis plusieurs années sont presque toujours liés aux fameux gaz à effet de serre (GES), soit le méthane, le dioxyde de carbone (CO_2) et l'oxyde nitreux. L'activité humaine est responsable de cette trop grande concentration de gaz dans l'atmosphère, ce qui entraîne un réchauffement de la planète et a des répercussions néfastes sur l'environnement dans son ensemble (sécheresses, verglas, inondations).

Lorsque nous consommons de l'énergie, que ce soit pour le transport, le chauffage ou l'éclairage, nous produisons des GES. Chaque geste posé pour réduire sa consommation d'énergie a donc un impact favorable sur l'environnement.

✦ Allez-y doucement sur les pédales

« Les démarrages rapides et les freinages brusques réduisent le temps de déplacement de seulement 2,5 minutes pour un voyage moyen d'une heure, mais consomment 39 % plus de carburant et produisent jusqu'à cinq fois plus de gaz d'échappement[37]. »

La consommation de carburant
augmente en fonction
de la vitesse.

✦ Ralentissez

Pour la plupart des véhicules, le fait de passer d'une
vitesse de 100 km/h à 120 km/h fait augmenter
d'environ 20 % la consommation de carburant. Et
en réduisant la vitesse à 90 km/h plutôt que de
rouler à 100 km/h, la consommation de carburant
chute d'un autre 10 %. Sur la grande route, on peut
utiliser le régulateur de vitesse (le « *cruise control* »)
afin de rouler à une vitesse constante et de réduire
la consommation de carburant[38]. Enfin, la vitesse
diminue aussi la durée de vie des pneus et, dans
certains cas, la durée de vie des passagers...

✦ Évitez d'utiliser un démarreur à distance ou de faire tourner votre moteur inutilement

Pratiques surtout l'hiver, les démarreurs à distance
ont la faveur des conducteurs québécois en raison
du confort qu'ils leur procurent et du dégivrage
qu'ils leur évitent. Or, « le moteur d'une voiture à
l'arrêt qui tourne dix secondes consomme plus
d'essence qu'il n'en faut pour redémarrer[39]. » Il
n'est pas rare de voir une auto en marche dix
bonnes minutes avant que ne s'y installe son
conducteur. L'essence gaspillée ainsi a un impact
sur les portefeuilles et sur l'environnement. Il est
plus responsable d'utiliser un chauffe-bloc muni
d'une minuterie automatique... et de sortir les
mitaines et le grattoir !

✦ Restreignez l'utilisation du climatiseur

L'air climatisé peut faire augmenter la consommation d'essence du véhicule de 20 %. Donc, à moins
que ce ne soit la canicule, il est parfois plus

intéressant d'ouvrir les fenêtres pour se rafraîchir ou pour désembuer le pare-brise. Bien sûr, tout dépend de la vitesse à laquelle on roule. Lorsqu'on se trouve pris dans un bouchon de circulation, les fenêtres ouvertes ne font pas grand-chose pour rafraîchir les passagers. Bien que l'air extérieur joue mieux son rôle à 100 km/h, la partie arrière du véhicule agit comme un parachute lorsque les fenêtres sont ouvertes, ce qui fait davantage forcer le moteur et augmente la consommation d'essence. Les fenêtres ouvertes et une vitesse modérée font ainsi bon ménage.

✦ Allégez votre voiture

Quand une famille part en cavale, ne serait-ce que pour quelques heures, on charge la voiture des 1 001 objets dont pourraient avoir besoin les enfants : chaise d'appoint, parc, poussette, jouets, skis, etc. Bien souvent, on oublie de vider la voiture au retour. Le fait de réduire la charge du véhicule en y enlevant les objets inutiles a un impact important : en effet, plus la voiture est lourde, plus elle consomme de carburant. Dans le même ordre d'idées, il vaut mieux enlever le porte-bagages lorsqu'on ne s'en sert pas, car celui-ci crée une traînée aérodynamique et accroît la consommation d'essence.

✦ Ne lavez pas votre voiture dans l'entrée de votre maison

Lorsqu'on lave sa voiture dans l'allée, les eaux sales, les produits chimiques et le savon s'infiltrent directement dans les égouts pluviaux ou les fossés, puis dans les ruisseaux, rivières et lacs avoisinants.

Les eaux usées d'un lave-auto sont traitées avant de rejoindre les cours d'eau.

Il est préférable de faire nettoyer son auto dans un lave-auto, où les eaux usées sont acheminées à une usine de traitement avant de rejoindre les cours d'eau.

✦ Ne jetez rien par la fenêtre de la voiture

Cela constitue une forme de pollution. Mieux vaut garder une corbeille ou un sac dans notre voiture pour mettre nos cochonneries que de les balancer par la fenêtre. Une économie en contravention vous sera ainsi promise.

✦ Un lave-glace écologique ?

Il ne semble pas exister de version plus écologique pour le lave-glace traditionnel, qui contient deux types d'alcool (dont le méthanol, toxique lorsque respiré) et de l'eau. Toutefois, comme l'alcool est biodégradable, le lave-glace n'est pas trop nocif pour l'environnement. Pour être plus écolo, on peut dénicher les stations-service qui offrent le remplissage en vrac pour le liquide lave-glace afin de réutiliser le contenant.

À L'ÉPICERIE

L'épicerie représente une part importante du budget et des achats d'une famille moyenne. Ce geste de consommation, que nous répétons à toutes les semaines, comporte son lot d'embûches au point de vue environnemental.

En tant que parents, nous nous soucions de l'alimentation de nos enfants et nous intéressons à la valeur nutritive des aliments. Mais pour être des parents écolos, il nous faut aussi nous questionner sur la provenance des aliments, sur leur emballage et sur un tas d'autres éléments qui nous échappent lorsque nous courons les allées le vendredi soir peu avant l'heure du souper.

Faire une épicerie écolo, est-ce vraiment possible ? Oui et non. Oui, dans la mesure où nous sommes prêts à y investir du temps et de l'énergie. Non, si nous ne nous posons pas les bonnes questions au moment de faire un choix entre telle ou telle sorte de céréales.

Les supermarchés semblent pourtant vouloir emboîter le pas à la tendance écolo. Quasiment toutes les boutiques d'alimentation du Québec nous proposent désormais un sac réutilisable pour faire nos emplettes. Paradoxalement, il est de plus en plus difficile de trouver des supermarchés qui n'emballent pas à outrance la viande, les fruits et les légumes. Les patates douces sont maintenant vendues à l'unité, sur une barquette en styromousse enrobée d'une pellicule de plastique. Cette pratique est tout à fait inutile et relève davantage d'une stratégie pour faire mousser les ventes que pour assurer la fraîcheur du produit. L'emballage superflu des aliments pose de sérieux problèmes, d'autant plus que « l'emballage représente environ la moitié du volume ou [...] le tiers du poids de nos déchets[40]. » Comme 60 % des emballages sont fabriqués pour les aliments et les boissons[41], c'est donc à l'épicerie que nous sommes le mieux placés pour agir et réduire notre consommation d'emballages.

Évitez l'emballage superflu des aliments.

L'emballage

✦ Évitez d'acheter des fruits et légumes emballés

Apprenez à résister aux étalages de « carottes au styromousse » et de « piments au cellophane ». Choisissez les légumes qui sont le moins emballés.

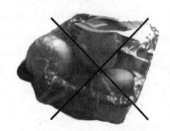

Pas de tomates dans des contenants en plastique, pas de gousses d'ail dans des boîtes de carton. Demandez à votre épicier de garnir ses étalages de fruits et des légumes non emballés. Changez de marché d'alimentation si nécessaire ! Les marchés publics et les fruiteries continuent d'offrir une vaste gamme d'aliments « nus » que l'on peut tâter. Leurs prix sont souvent compétitifs et la variété des produits est assez alléchante.

La styromousse ne se recycle pas !

La majorité des gens croient, à tort, que la styromousse est recyclable. Certains commerçants à qui je demande d'emballer un morceau de fromage ou une poitrine de poulet sans styromousse me répondent parfois qu'il n'y a pas de problème à prendre les paquets déjà emballés « ...car la styromousse se recycle ». Outre le fait que le plateau en styromousse ne sert qu'une seule fois et n'est souvent pas du tout nécessaire au transport des aliments (comme les six asperges dans un contenant de styromousse que j'ai dû me résigner à acheter l'autre jour), il constitue – au Québec – un déchet.

La styromousse est du polystyrène expansé et elle porte le sceau du type de plastique numéro 6. On pourrait donc croire que ça se recycle. Mais la styromousse est recyclable seulement dans certaines provinces, là où des usines de transformation existent. « En effet, si la styromousse peut être recyclée après utilisation, elle n'a pas une très grande valeur marchande. Il faudrait d'abord la ramasser, la décontaminer et la granuler avant de lui octroyer une deuxième vie et ces procédés exigent des installations particulières et coûteuses. Par ailleurs, les recycleurs sont peu intéressés à transporter la styromousse vers leurs installations de recyclage en raison de sa légèreté et donc du faible volume qui peut se transporter. C'est ce qui explique qu'on la recycle si peu au Canada[42]. » Il n'y a pas de doute, la styromousse ne se recycle pas et, pire encore : « Le plastique numéro 6 [...] ne se décompose qu'après 400 ans[43] ».

+ **N'utilisez pas les sacs fournis dans la section des fruits et des légumes**

Est-il vraiment indispensable de mettre les deux oranges que nous avons sélectionnées dans un sac ? De plus, la taille de ces sacs les rend pratiquement inutiles après cette simple utilisation (pas moyen de s'en servir pour autre chose que pour ramasser les poupous du chien ou du chat). Si vous craignez d'abîmer les fruits ou les légumes en les laissant libres dans votre chariot, apportez un contenant de la maison pour les protéger durant le transport (ce qui sera plus efficace qu'un sac en plastique). Ceux qui font l'épicerie sans les enfants peuvent aussi placer tous leurs légumes dans le panier supérieur où se trouve habituellement le popotin de nos petits chérubins.

+ **Apportez vos contenants !**

Au fil des ans, j'ai développé diverses stratégies pour éviter de crouler sous les emballages en cellophane, les sacs et les barquettes de styromousse. L'une d'entre elles consiste ainsi à apporter chez le marchand mes propres contenants en plastique afin qu'il les remplisse directement. Cela ne fonctionne pas systématiquement, mais j'ai sauvé de nombreux emballages en styromousse d'une fin prématurée en demandant par exemple au boulanger de mettre six croissants dans mon plat en plastique. D'autres exemples ? Chez le marchand de fromages, on pèse mes fromages sur une feuille de papier ciré puis on les dépose dans mon contenant en plastique plutôt que de les envelopper de cellophane. Des olives en vrac ou des salades préparées ? Parfait, j'ai mon pot ! Le bœuf haché est en rabais ? Super ! Remplissez-moi ces deux contenants-là, s'il vous plaît ! (certains bouchers refusent sous prétexte que ce n'est pas acceptable selon leur réglementation et patati et patata, mais j'insiste toujours en disant que le bœuf haché qu'ils me vendent dans leur barquette en styromousse sera transféré dans des contenants en plastique chez moi de toute façon).

C'est pas mal plus pratique d'attraper au passage les paquets de fromage ou de charcuteries déjà tranchées. Mais si vous apportez vos plats et faites trancher sur place ce dont vous avez besoin, vous économisez en rebuts. Par contre, ça prend un peu plus de temps, alors n'hésitez pas à continuer votre épicerie pendant qu'on remplit votre commande.

✦ N'achetez pas de portions individuelles

L'emballage des portions individuelles est superflu. Avons-nous vraiment besoin de petits morceaux de fromage déjà emballés ou de minisacs de craquelins tout juste bons pour une petite fringale ? Ça revient moins cher et c'est meilleur pour l'environnement d'acheter un gros morceau de fromage et de le couper soi-même.

✦ Achetez des thés et tisanes ayant le moins d'emballage possible

Il n'est peut-être pas nécessaire d'acheter des tisanes qui sont enveloppées individuellement (quoique ça conserve leur fraîcheur et que ça empêche les poches de sentir toutes la même chose si elles sont mélangées). Du moins, tâchez d'éviter les marques de tisanes dont les pochettes sont en plastique et qui ne peuvent être recyclées. Une autre option : procurez-vous une coquille réutilisable, et achetez le thé ou les tisanes en vrac.

✦ **Choisissez le bon emballage
(œufs, lait, fromage, jus)**

Il est difficile de déterminer quel produit est le meilleur lorsque le contenu est le même mais que l'emballage diffère. C'est le cas du lait, du fromage en crème, du jus et des œufs, qui sont vendus en différents formats et en différents modèles. Cependant, si l'on applique les mêmes principes qui prévalent pour d'autres denrées, il vaut mieux privilégier les formats plus gros (donc des deux litres de lait au lieu des cartons d'un litre) et des contenants réutilisables ou non fabriqués à partir de dérivés du pétrole. Les emballages en plastique viennent en deuxième, avant les emballages de type Tetra-Pak, qui sont composés d'aluminium, de carton et de plastique amalgamé et qui sont difficiles à recycler.

Dans le cas du jus de pomme, par exemple, on peut plus facilement opter pour des contenants en verre qui peuvent être réutilisés plusieurs fois. La différence entre « réutilisé » et « recyclé » est que le contenant réutilisé ne sera pas transformé avant de servir de nouveau, ce qui du coup permet une économie d'énergie et de ressources. Le fromage en crème peut lui aussi être acheté en plus gros format,

et on privilégie le contenant de plastique qui peut être recyclé (alors que celui dans la boîte de carton génère un déchet grâce à l'emballage métallique).

L'achat des œufs suscite aussi un questionnement du point de vue de l'emballage le plus écologique. Les œufs sont habituellement disponibles dans trois types d'emballage : la styromousse, le plastique et le carton recyclé. Comme la styromousse ne se recycle pas au Québec, il vaut mieux privilégier l'achat de cocos dans les boîtes en plastique ou en carton – préférablement le carton, puisqu'il est généralement composé de fibres recyclées à 100 % et n'est pas fabriqué à partir de dérivés du pétrole.

Au-delà des considérations sur l'emballage, le choix des cocos s'avère quant à lui un véritable casse-tête : devrait-on prendre les œufs enrichis à l'oméga 3, les œufs bruns, les œufs issus de poules en liberté, les œufs bios, les œufs en chocolat équitable ? Peu importe le type d'œuf qu'on choisit, tous ont la même valeur nutritive (les œufs de poule, s'entend). Malgré tout, les œufs biologiques s'avèrent meilleurs pour l'environnement puisqu'on sait que leur moulée ne contient pas d'additifs ou de produits chimiques.

✦ Achalez votre boucher

Voici une situation typique qui se produit quotidiennement à notre insu derrière le comptoir de la boucherie la plus près de chez nous : les filets de porc arrivent emballés sous vide en paquet de trois ; le boucher ouvre ce paquet afin de les emballer individuellement dans du styromousse et du cellophane.

Lorsque la viande est à rabais, j'en profite pour faire des provisions et pour éviter au boucher cette tâche inutile de désemballage et de suremballage. Puisque j'allais acheter trois filets de toute façon, je lui demande de me donner les coupes de porc dans leur emballage d'origine. J'ai déjà fait la même chose avec du poulet ; j'avais alors rapporté chez moi une caisse de seize petites volailles (une chance qu'il y avait de la place dans le congélateur).

Une autre stratégie (qui fonctionne moins bien, je l'avoue) est de tenter de faire comprendre au boucher qu'on souhaite obtenir quatre poitrines de poulet dans un seul paquet. Le but : consommer moins de styromousse. Or, pour satisfaire notre lubie, certains bouchers entreprennent de défaire des paquets de une ou deux poitrines afin d'en remballer quatre ensemble (jetant du coup à la poubelle entre deux et quatre plateaux de styro-mousse car ils ne les réutilisent pas. Grrr !). Il faut alors spécifier qu'il s'agit d'une démarche écolo-gique, afin d'éviter toute méprise.

Demandez à votre boucher d'éviter de suremballer vos coupes de viande.

✦ Adoptez le vrac

Quand je parle de vrac, je ne parle pas des petits contenants en plastique préemballés offerts en supermarché. Par définition, le vrac signifie : « Produit qui est offert au consommateur final **sans emballage** de vente, et qui est généralement vendu au poids ou au volume[44]. » Le vrac dont il est question ici existe dans des boutiques qui se spécialisent dans ce type de commerce. On y trouve normalement de gros barils contenant des produits secs (pâtes, bonbons, cacao, etc.). Pour que ça vaille vraiment la peine d'un point de vue écologique, il vaut mieux apporter ses propres contenants, sans quoi on ne génère pas réellement moins de déchets et d'emballage. Le vrac est fort pratique, surtout pour les choses qu'on consomme en grande quantité (comme le bicarbonate de soude, le riz, les céréales, la farine, les raisins secs), sans oublier que ça coûte moins cher.

✦ **N'achetez pas de bombe de crème fouettée, ou de contenants d'aérosols pour les huiles et autres fragrances alimentaires**

Les bombes et aérosols sont faits de métal, mais ils ne peuvent être recyclés, car le gaz qu'ils renferment pose un danger d'explosion. Il faut les conserver et les amener lors des collectes de résidus domestiques dangereux. Il vaut donc mieux s'en passer ou trouver une solution de rechange, comme badigeonner soi-même un peu d'huile avec un pinceau ou faire soi-même sa crème fouettée (ce que je n'ai jamais réussi à satisfaction).

✦ **Apportez vos sacs**

Apprivoisez cette phrase et apprenez à la dire quotidiennement, en toutes occasions (et pas seulement à l'épicerie) : « Pas de sac, merci ! » Bien peu de gens savent que les sacs en papier ne constituent pas une bonne solution de rechange au sac en plastique. Les sacs réutilisables demeurent la meilleure option écologique… mais seulement si on les réutilise. Il faut réutiliser son sac vingt fois pour que ça ait un impact significatif, alors ne l'oubliez pas dans votre voiture au moment de faire vos courses[45]. Et comme les sacs ont tendance à se salir facilement, le sac de tissu lavable réutilisable constitue une option plus intéressante.

Certaines personnes tentent de se donner une bonne conscience en recyclant leurs sacs en plastique. Or, « la récupération des sacs de plastique non biodégradables ne représente aucun intérêt réel pour les centres de récupération ; le prix de rachat est de 55 $ la tonne, et il faut 150 000 sacs pour faire une tonne. L'énergie et les fonds nécessaires pour la collecte et le traitement dépassent donc de loin les 55 $ du prix de vente après récupération. Il est moins coûteux de les enfouir, mais plusieurs se retrouvent dispersés dans la nature par le vent qui les emporte à partir des sites d'enfouissement. La meilleure solution est encore et toujours la réduction à la source en évitant de les utiliser entièrement[46] ».

Données en vrac sur les sacs d'épicerie

✦ Les sacs en plastique sont faits à partir de pétrole, une matière polluante et non renouvelable.

✦ Chaque famille québécoise consomme en moyenne 520 sacs par année.

✦ Deux milliards de sacs sont distribués au Québec chaque année, pour un total de un billion de sacs à l'échelle mondiale.

✦ Chaque sac en plastique prend en moyenne 400 ans à se décomposer.

✦ Seulement un peu plus de la moitié des municipalités recyclent les sacs en plastique.

Plusieurs personnes se demandent aussi avec quoi elles vont emballer leurs vidanges si les sacs en plastique disparaissent du portrait. Eh bien, qu'elles se rassurent. Il existe des sacs conçus spécifiquement pour les poubelles, et qui sont biodégradables ou fabriqués à partir de matières renouvelables comme l'amidon de maïs (et non pas de dérivés du pétrole).

Les denrées

✦ Achetez des fruits et légumes en saison

En moyenne, le tiers de notre consommation de fruits et de légumes est locale. C'est donc dire que le Québécois moyen fait importer les deux tiers des fruits et légumes qu'il consomme. Pas si surprenant si on tient compte du fait que notre « belle saison » s'étale de mai à octobre, soit la moitié de l'année.

Il est possible de faire sa part pour l'environnement en portant une attention particulière à la provenance des aliments, et en tentant de suivre l'offre et la disponibilité des fruits et légumes selon les saisons[47]. Vos enfants aiment les bananes et les clémentines ? Super ! Il ne faudrait pas les priver de ces délicieux plaisirs, si bons pour la santé. Par contre, on peut limiter l'achat de fruits et de légumes tropicaux pendant la belle saison, alors qu'il existe une abondance et une variété de fruits cultivés au Québec, disponibles sur le marché.

Des pommes cueillies dans un verger local.

Les marchands sont tenus d'indiquer la provenance des fruits et des légumes qu'ils mettent en vente. Si ce n'est pas indiqué sur l'affichette de prix, surveillez l'emballage de l'aliment afin de vous assurer qu'on ne vous refile pas des bleuets du Chili en plein mois d'août, alors que tant d'agriculteurs au Québec en font la production. Ainsi, quand vient le temps des récoltes, faites vos provisions de fruits et légumes locaux et congelez-en afin de pouvoir les savourer tout au long de l'hiver.

Mais la meilleure façon de manger des fruits et légumes de saison demeure encore de faire son propre jardin ou de s'inscrire auprès d'un fermier local pour obtenir un panier de fruits et légumes frais chaque semaine (consultez la liste des producteurs de votre région auprès d'Équiterre ou de l'ASC – Agriculture soutenue par la communauté). Ainsi, vous serez certain que les aliments sont frais et qu'ils n'ont pas trop voyagé.

Fruits et légumes locaux disponibles en tout temps au Québec*

- Canneberge
- Champignon
- Chou
- Endive
- Fèves germées

- Fines herbes
- Laitue (culture hydroponique)
- Oignon
- Patate

- Patate douce
- Pomme
- Rutabaga
- Tomates de serre

---

* Il faut surveiller les emballages pour s'assurer qu'on achète bel et bien des fruits et légumes locaux. Ce n'est pas parce qu'ils sont disponibles sur le marché que votre supermarché les mettra forcément en vente ; il se peut qu'il offre plutôt des produits importés s'il réussit à obtenir un prix plus intéressant de son fournisseur.

Fruits et légumes locaux saisonniers au Québec

	J	F	M	A	M	J	J	A	S	O	N	D
Ail								X	X	X		
Artichaut								X	X			
Asperge					X	X						
Aubergine								X	X	X		
Bette à carde							X	X	X	X		
Betterave	X	X	X			X		X	X	X	X	X
Bleuet								X	X			
Brocoli							X	X	X	X	X	
Cantaloup								X	X			
Carotte	X	X	X	X	X			X	X	X	X	X
Céleri								X	X	X	X	
Céleri-rave	X	X	X					X	X	X	X	X
Cerise de terre								X	X	X		
Chou chinois							X	X	X	X	X	X
Chou de Bruxelles								X	X	X	X	X
Chou-fleur							X	X	X			
Citrouille									X	X		
Concombre							X	X	X			
Courge								X	X	X	X	
Courgette							X	X	X			
Crosses de fougère				X	X							
Échalote	X	X	X					X	X	X	X	X

	J	F	M	A	M	J	J	A	S	O	N	D
Épinard						X	X	X	X			
Fraise						X	X	X	X			
Framboise								X	X	X		
Gourgane								X				
Haricot							X	X	X			
Maïs							X	X	X	X		
Melon d'eau								X				
Oignon espagnol									X	X	X	
Panais	X	X	X	X			X	X	X	X	X	X
Persil							X	X	X			
Poire									X			
Poireau	X	X	X				X	X	X		X	X
Pois mange-tout							X	X				
Poivron							X	X	X			
Rabiole (navet)	X						X	X	X	X	X	X
Radicchio							X	X	X	X		
Radis						X	X	X	X	X		
Rhubarbe					X	X	X					
Scarole							X	X	X			
Tomate de champ							X	X	X			

✦   Achetez des aliments de provenance locale

S'il est relativement aisé de deviner la provenance des fruits et des légumes frais, il n'en est pas de même pour tous les aliments. Observez l'étiquette d'une boîte de conserve de haricots, par exemple, et vous y verrez probablement la mention comme quoi ils ont été « emballés » au Québec, mais ça ne vous en dira pas long sur leur véritable nationalité. Il est aussi difficile de déterminer la provenance de la viande puisque les détaillants ne sont pas tenus de l'indiquer sur l'étiquette. Or, bien que le Québec compte de nombreux producteurs de volaille et de porc, on apprend avec consternation qu'une grosse part de leur production est destinée à l'exportation, ce qui signifie que les supermarchés doivent en importer d'autres pays pour répondre à la demande locale. Sens dessus dessous, quoi.

 ## Fruits et légumes non cultivés au Québec

Plusieurs fruits et légumes poussent uniquement dans des régions tropicales, là où le climat est tempéré. Inutile donc d'essayer de trouver ces denrées auprès des cultivateurs locaux !

✦ Ananas	✦ Figue	✦ Olive
✦ Avocat	✦ Goyave	✦ Orange
✦ Banane	✦ Kiwi	✦ Pamplemousse
✦ Cerise	✦ Limette	✦ Papaye
✦ Clémentine	✦ Mangue	✦ Pluot
✦ Citron	✦ Okra	✦ Tangerine

Pourquoi devrait-on se soucier de la provenance des aliments ? Parce que le transport des victuailles a un impact environnemental important. Le trajet moyen parcouru par un aliment, du champ à la table, est de 2 500 km. Or, un camion de transport peut émettre dans l'atmosphère cinq tonnes de gaz à effet de serre – soit l'équivalent de ce que produit un Canadien pendant un an – pour une seule cargaison de nourriture.

Le transport par avion ou par bateau des aliments n'est pas mieux. Par exemple : « [...] le transport par avion d'un kiwi de la Nouvelle-Zélande émet dans l'atmosphère l'équivalent de cinq fois le poids du fruit en dioxyde de carbone. Les kiwis semblent abordables lorsqu'on passe à la caisse pour payer l'épicerie, mais leur transport génère des gaz à effet de serre qui contribuent au réchauffement climatique[48]. » Par contre, il faut aussi tenir compte des conditions dans lesquelles les aliments ont été produits pour déterminer leur véritable valeur écologique. Ainsi, une tomate cultivée en serre ici même au Québec a peut-être nécessité plus d'énergie qu'une tomate importée d'Espagne, où elle a poussé dans des conditions optimales.

Il n'en demeure pas moins que l'achat de produits locaux a des retombées économiques et environnementales positives dans l'ensemble. Donc, quand on fait son épicerie, on doit porter attention à ce détail et essayer autant que possible de privilégier l'achat de produits locaux. Quelques idées ? Par exemple, on peut remplacer les fromages fins importés par d'excellents fromages artisanaux fabriqués ici au Québec. Les produits laitiers et les œufs proviennent généralement d'ici, mais il est plus difficile de trouver des éleveurs de crevettes ou de thon en Montérégie... Optez pour de l'agneau d'ici plutôt que pour celui de la Nouvelle-Zélande et pour la crème glacée Coaticook plutôt que la marque plus populaire fabriquée aux États-Unis. Choisissez des bières artisanales locales plutôt que des boissons importées, un cidre de glace ou un hydromel plutôt qu'un porto. Sucrez vos recettes à l'aide de véritable sucre d'érable plutôt que de sucre de canne. Une fois qu'on aura assimilé le principe de l'alimentation de proximité, il nous semblera tout naturel de ne pas consommer des fraises au mois de décembre, tout comme on n'aurait jamais songé à cuisiner une tarte à la citrouille pour la Saint-Jean.

Le site des Fabricants et distributeurs du Québec (www.icriq.com) permet de faire des recherches très détaillées sur les fabricants locaux. À l'aide de ce site, il est facile de déterminer quelles marques de jus de pomme, de crème glacée ou de saucisses sont fabriquées ici, au Québec.

+ **Adoptez un fermier de famille et optez pour un panier de légumes bio**

Le principe de l'Agriculture soutenue par la communauté est de créer des partenariats entre les producteurs locaux et les citoyens. Il existe quelques organismes qui offrent des paniers bios au Québec, dont Alternative bio et Équiterre. Ces programmes regroupent de nombreuses fermes biologiques au Québec, qui distribuent aux abonnés des paniers de légumes frais cultivés localement. Tout dépendamment de la formule choisie, les abonnés reçoivent chaque semaine un panier « surprise » de légumes et de fruits en saison, selon leur disponibilité. Chez nous, comme nous consommons les légumes de notre jardin tout l'été et qu'il existe plusieurs producteurs locaux qui tiennent des kiosques aux abords des rangs dans notre coin, on s'est inscrit seulement à la formule des paniers d'hiver. Ainsi, tout l'hiver, nous recevons des légumes frais qui ont été cultivés ici (ail, courges, pommes de terre, betteraves, carottes, choux, etc.). Les paniers répondent donc aux critères de l'alimentation de proximité en plus d'être constitués de produits biologiques.

✦ Visitez les producteurs locaux

En visite au marché Jean-Talon, à Montréal, nous nous sommes laissé tenter par une bouteille de jus de pomme frais. De retour à la maison, j'ai constaté avec stupéfaction que le jus en question provenait d'une cidrerie à deux minutes de chez nous ! Pourtant, il ne me serait pas venu à l'esprit de me procurer du jus de pomme directement chez mon voisin.

Des aliments frais du marché.

À moins d'habiter en ville, il y a certainement des cultivateurs ou des producteurs de viande, de légumes ou de fromages qui œuvrent tout près. Prenez l'habitude de vous approvisionner en produits frais et locaux. Dressez une liste des producteurs locaux et arrêtez de temps à autre pour voir leurs produits. Essayez de voir comment vous pouvez intégrer ces escales à votre routine pendant que vous faites vos courses afin que ce ne soit pas une corvée et que vous ne passiez pas trop de temps sur la route (ce qui n'est guère mieux pour l'environnement). Prévoyez, stockez et dégustez ! Par exemple, transformez vos recettes habituelles pour intégrer davantage de canard s'il y a un éleveur près de chez vous. Faites vos provisions de sirop d'érable directement à l'érablière lorsque vous faites une sortie à la cabane à sucre plutôt que d'en acheter des boîtes à l'épicerie. Faites l'effort d'acheter votre maïs et vos fraises d'un kiosque de maraîcher plutôt qu'au supermarché.

✦ N'achetez pas d'eau en bouteille

Il s'agit d'un étrange paradoxe : d'un côté, on tient les gouvernements responsables de la qualité de l'eau et on exige que celle-ci soit saine à boire, mais, de l'autre, on achète de l'eau embouteillée à gros prix parce qu'on se méfie de la qualité de l'eau ou qu'on trouve cela plus pratique. Or, qu'est-ce qui est véritablement plus pratique ? Remplir un verre à même n'importe quel robinet de la maison, au travail ou au centre commercial, ou stocker des quantités de bouteilles et s'efforcer de les recycler ? De plus, il existe une plus grande réglementation entourant la qualité de l'eau du robinet que celle embouteillée, sans compter le fait que 40 % de l'eau embouteillée provient à l'origine du robinet (on la traite et y ajoute parfois des minéraux avant de la commercialiser).

Dans les faits, les coûts environnementaux de l'eau embouteillée sont plus importants qu'on le croit. Il s'agit bien sûr de coûts indirects, puisque la bouteille elle-même ne coûte pas si cher au consommateur. En effet, ceux qui consomment de l'eau embouteillée surchargent le système de recyclage et les dépotoirs – car on estime que seulement 10 % à 20 % des bouteilles sont véritablement recyclés[49] –, et ce coût est assumé à l'échelle sociale. « L'eau en bouteille peut coûter jusqu'à 10 000 fois le prix de l'eau du robinet, sans qu'il ait été prouvé qu'elle soit meilleure pour la santé[50]. »

Contrairement à l'eau du robinet, qui est acheminée jusqu'à nous grâce à des infrastructures qui consomment peu d'énergie, le transport des bouteilles d'eau gaspille énormément d'énergie, notamment lors du transport. Les bouteilles elles-mêmes sont fabriquées à partir de dérivés du pétrole (le polyéthylène téréphthalate – PET, une sorte de plastique), une ressource non renouvelable particulièrement polluante. La production d'un kilo de PET requiert à elle seule 17,5 kilos d'eau et rejette dans l'air plus de 3 kilos de gaz nocifs[51].

La bouteille d'eau est un contenant destiné à un remplissage unique. De nombreuses personnes choisissent pourtant de remplir leur bouteille d'eau directement au robinet, ce qui, en soi, peut sembler être une bonne idée. Par contre, peu de gens prennent la peine de laver leur bouteille à l'eau savonneuse avant de la réutiliser, ce qui peut entraîner la prolifération de bactéries. Optez plutôt pour un gobelet réutilisable muni d'un couvercle et qui résiste au lave-vaisselle. Ainsi, en plus de pouvoir traîner votre eau partout, vous aurez la certitude que le contenant est propre.

✦ Encouragez les pêcheries durables[52]

Consommer plus de poisson a des effets bénéfiques pour notre santé. Mais comme dans toutes choses, la surconsommation entraîne des effets néfastes. En tant que consommateurs, nous pouvons privilégier les pêcheries qui n'épuisent pas les ressources. Ces poissons proviennent soit d'aquacultures ou de pêcheries durables canadiennes ou américaines.

Voici une liste des fruits de mer qu'on peut consommer sans trop d'inquiétudes quant à leur provenance : l'aiglefin (Canada) ; l'esturgeon (aquaculture) ; la goberge (Alaska, États-Unis) ; le hareng (Colombie-Britannique, Canada et Alaska, États-Unis) ; les huîtres (aquaculture) ; la morue (Colombie-Britannique, Canada et Alaska, États-Unis) ; les moules (aquaculture) ; le tilapia (aquaculture) ; la truite arc-en-ciel (aquaculture). Consultez le site www.seachoice.org pour en apprendre davantage.

Privilégiez des poissons qui proviennent d'aquacultures ou de pêcheries durables.

À LA PHARMACIE

✦ Rapportez vos médicaments périmés à la pharmacie

On nous dit de faire régulièrement le ménage de notre pharmacie afin d'éliminer les médicaments périmés. Cependant, il faut éviter de jeter nos restants afin de ne pas nuire à l'environnement. « Il y a de plus en plus de preuves qui démontrent que de jeter aux ordures ou de vider dans le réseau d'aqueduc des médicaments obtenus avec ou sans ordonnance ou d'autres produits de santé pourraient avoir des effets néfastes sur l'environnement[53]. » En effet, les composés chimiques présents dans les médicaments (sous ordonnance ou non) aboutissent dans l'eau potable, car les usines de traitement des eaux ne sont pas conçues pour filtrer adéquatement ces substances.

La plupart des pharmacies possèdent un programme de recyclage des médicaments. Les restants de médicaments sont alors traités afin qu'ils n'aient pas d'effets nuisibles (dans certains cas, ils sont incinérés). Si votre pharmacie n'offre pas ce programme, informez-vous auprès de votre municipalité afin de pouvoir disposer convenablement des médicaments.

✦ Rapportez vos contenants

Si vous devez faire remplir plusieurs fois la prescription d'un médicament sous forme de pilule, rapportez votre pot vide chez le pharmacien afin qu'il s'en serve de nouveau.

✦ Ne collectionnez pas les seringues

Rares sont les enfants qui traversent l'enfance sans prendre d'antibiotiques. Si on en prescrit à votre enfant, conservez la seringue que le pharmacien vous remet pour calculer le dosage du médicament afin de vous en servir ultérieurement, lors de la prochaine « ...ite ». Malgré tous mes efforts (« Pas de seringue, pas de sac, merci ! »), je dois avouer qu'il y en a déjà trois qui traînent dans un tiroir de la salle de bains.

✦   Refusez le petit sac de papier du pharmacien

Je ne sais pas vraiment à quoi il sert, mais les pharmaciens insistent pour emballer notre pot de pilule dans un minuscule sac de papier trop petit pour être vraiment réutilisé. Refusez-le !

**✦   Résistez à l'appât des promotions
    de cosmétiques**

Les pharmacies et les magasins à grande surface font souvent la promotion de produits cosmétiques en offrant des trousses d'échantillons. Souvent, ce sont des produits dont nous n'avons pas réellement besoin et qu'on accumule dans le fond d'un tiroir : des crèmes antirides (alors qu'on aurait davantage besoin d'un produit pour masquer les cernes puisque le petit dernier ne fait pas encore ses nuits), des rouges à lèvres roses qui ne vont pas du tout avec notre teint, etc. Tous ces petits formats nécessitent beaucoup d'emballage, ce qui est très mauvais pour l'environnement.

LE MAGASINAGE

**✦   Apportez votre tasse si vous prévoyez
    prendre un café**

Les cafés spécialisés sont de plus en plus courus, ce qui signifie que, chaque jour, des millions et des millions de verres en carton et de couvercles en plastique sont lancés à la poubelle une fois la boisson avalée. Le fait d'apporter sa propre tasse permet de réduire les déchets à la source. De plus, le café reste chaud beaucoup plus longtemps et, comme le couvercle est plus étanche, cela limite les déversements accidentels. Certains marchands encouragent cette pratique en offrant un rabais sur la boisson achetée (café, thé, tisane ou jus).

✦ Apportez vos sacs pour vos courses

Pourquoi devrait-on uniquement limiter notre utilisation des sacs réutilisables à l'épicerie ? Dans toutes les boutiques, on place nos achats dans des sacs, dont certains ne sont guère convenables pour une deuxième utilisation (comme les minuscules sacs à livres ou à disques compacts).

✦ Encore le local !

Souliers, bas, sous-vêtements, vaisselle, petits appareils. Chaque mois, nous dépensons beaucoup d'argent pour nous procurer les objets dont nous avons besoin au quotidien. Beaucoup d'articles courants sont fabriqués à l'autre bout du monde, mais pas tous. Recherchez toujours la provenance des biens que vous achetez et privilégiez davantage les produits qui ont été fabriqués le plus près de chez vous. C'est tout aussi important que la couleur, la taille ou le prix.

✦ Faites vos achats en ligne

Ce n'est pas tout le monde qui a le privilège d'habiter à deux pas d'une librairie ou d'un magasin de souliers pour enfants. Parfois, on parcourt de longues distances avec sa voiture afin de se procurer un objet dont on a besoin ou un cadeau qu'on veut offrir. Dans ces cas-là, il peut être plus avantageux pour la planète de faire ses achats sur Internet et de faire livrer la marchandise par la poste. Utiliser les services de la poste pour ses colis est un peu comme un mode de transport collectif puisque tous les envois qui vont au même endroit sont regroupés et transportés ensemble, ce qui limite la consommation de carburant.

Avant de partir pour faire ses courses, on peut aussi se servir d'Internet pour faire des comparaisons de prix, ce qui nous évitera de faire la navette entre les magasins, et les pertes en temps et en carburant que cela entraîne.

Si vous passez une commande par Internet, spécifiez lorsque possible (on offre souvent la possibilité de transmettre ses commentaires vers la fin de la transaction) que vous souhaitez un emballage minimal par souci pour l'environnement. Indiquez par exemple que vous ne désirez pas que votre envoi contienne de papier à bulles en plastique ou de billes en styromousse. Si votre envoi nécessite du rembourrage, demandez que ce soit du papier recyclé. Demandez aussi que votre colis soit expédié par voie terrestre, même si ça prend un peu plus de temps pour la livraison. Le transport aérien consomme beaucoup plus de carburant que le transport terrestre.

✦ **Faites l'effort d'acheter des produits recyclés**

Le recyclage du papier ou du plastique ne servirait pas à grand-chose si personne ne se donnait la peine de compléter la boucle en achetant des produits recyclés. En optant toujours pour du papier à imprimante, des enveloppes ou des mouchoirs recyclés, on crée une pression sur l'industrie du papier et on incite les manufacturiers à produire davantage de produits à base de fibres recyclées.

✦ Aux toilettes publiques

Utilisez le séchoir à air chaud pour vous sécher les mains plutôt que le papier. Le séchoir fonctionne à l'électricité et consomme moins d'énergie et de ressources que l'approvisionnement en serviettes de papier, même si elles sont recyclées. Une meilleure solution demeure encore de laisser sécher ses mains à l'air libre, afin de ne rien gaspiller du tout !

Le séchoir consomme moins d'énergie et de ressources que les serviettes de papier.

Notes

1. Agence de l'efficacité énergétique. « Trucs pour économiser de l'énergie », Québec, en ligne : [http://www.aee.gouv.qc.ca/habitation/conseils/trucs/petits_appareils/petits_appareils.jsp] (27 juillet 2007).

2. Ministère de l'Énergie de l'Ontario. En ligne : http://www.energy.gov.on.ca/index.cfm?fuseaction=preservation.tips_stove (26 juin 2007).

3. *Protégez-Vous*, juin 2006.

4. Telegraph, « Eating beef is less green than driving », en ligne : [http://www.telegraph.co.uk/news/main.jhtml?xml=/news/2007/07/19/nbeef119.xml] (16 août 2007).

5. Water Footprint. « Product gallery », en ligne : [http://www.waterfootprint.org/] (3 août 2007).

6. Wikipédia. « Eau virtuelle », en ligne : [http://fr.wikipedia.org/wiki/Eau_virtuelle] (3 août 2007).

7. Mes courses pour la planète. « Barbecue », en ligne : [http://www.mescoursespourlaplanete.com/TrucsVerts/Barbecue_11/] (9 décembre 2007).

8. Les légumes secs (haricots, lentilles, pois, fèves, pois chiches) contiennent autant de protéines que la viande, les œufs ou le poisson. Lorsque les légumineuses sont consommées avec des céréales, les acides aminés qu'elles renferment sont parfaitement assimilés et elles fournissent à l'organisme des protéines équivalentes à celles de la viande ou des œufs, mais sans apporter de lipides. (Source : Demain la Terre, « Mangez des légumineuses ! », en ligne : www.demain-la-terre.net/Mangez-des-legumineuses, 19 août 2007).

9. Source : [www.waterfootprint.org].

10. Cécile Gladel. 2007. *L'écolo écono*, Montréal, Les Intouchables, p. 92.

11. Écono-Écolo. « Adaptez la température de votre réfrigérateur », en ligne : [http://www.econo-ecolo.org/spip.php?article126] (14 novembre 2007).

12. Karen Klages (14 août 2007). « How to lead a greener, less trash-ful life », *Chicago tribune*, cité dans Journalstar.com, en ligne : [http://journalstar.com/living/402/doc46c0d6cd9983e833342211.txt] (24 août 2007).

13. « Éco-Solution », Canal D. en ligne : [http://www.canald.com/ecosolution/] (14 novembre 2007).

14. Équiterre. « 12 gestes », en ligne : [http://www.equiterre.org/12gestes/pdf/geste10.pdf

15. Les informations sont tirées de : Michael Bloch. « Soap and the Environment », Green Living Tips.com, en ligne : [http://www.greenlivingtips.com/articles/68/1/Soap-and-the-environment.html] (20 décembre 2007).

16. Lise Cardinal. Recyc-Québec. Correspondance personnelle, 7 août 2007.

17. Greenpeace. « Guide d'achat sur les papiers jetables », en ligne : [http://papiers.greenpeace.ca/] (5 août 2007).

18. Les données sont tirées de : Réseau éco-consommation, en ligne : http://www.ecoconso.be/article204.html (27 juin 2007) ; Gouvernement du Canada. « Votre guide pour relever le défi d'une tonne », en ligne : [http://dsp-psd.tpsgc.gc.ca/Collection/M144-27-2003F.pdf] (16 novembre 2007) ; Jean-Luc Bourdages. « Le recyclage du papier au Canada : une nouvelle réalité », Gouvernement du Canada, Programme de service des dépôts, en ligne : [http://dsp-psd.pwgsc.gc.ca/Collection-R/LoPBdP/BP/bp356-f.htm#(42)txt] (9 décembre 2007).

19. Les données de cette section sont tirées de : OCDE. « Biodegradation », Glossary of Statistical Terms, en ligne : [http://stats.oecd.org/glossary/detail.asp?ID=203] (23 août 2007) ; Maryse Guénette. « Les nettoyants qui ont subi un test de l'OCDE sont-ils meilleurs pour l'environnement que les détergents chimiques ? », Protégez-vous, octobre 2005, p. 40.

20. Hydro-Québec. « Tableau de la consommation des appareils », en ligne : http://www.hydroquebec.com/residentiel/mieuxconsommer/calcul_consom.html (16 août 2007).

21. Crissy Trask. 2006. It's Easy Being Green. A Handbook for Earth-Friendly Living, Salt Lake City, Gibbs Smith, Publisher, p. 49.

22. Isabelle Girard. « Le nettoyage à sec », La vie en vert, Télé-Québec, en ligne : [http://www.telequebec.tv/sites/vert/archives/reportage_fr.asp?reportageID=23&url=listeChroniques_fr.asp%3FtypeChronique%3Dreportage] (27 juillet 2007).

23. Ministère de l'Environnement de l'Ontario. « Produits de nettoyage », en ligne : [http://www.ene.gov.on.ca/fr/myenvironment/home/cleaningproducts.php] (2 août 2007).

24. Les données sont tirées de : Cascades Groupe Tissu. « Top tendances. Produits ménagers écolos », Petitgestevert.ca en ligne : [http://petitgestevert.ca/top-tendances-info-capsules.html] (23 août 2007).

25. Karen Klages. « Wipe out : Use and Toss », *Chicago Tribune*, cité dans Green Home Environmental Store, en ligne : [http://www.greenhome.com/info/news/125.shtml] (24 août 2007).

26. Ressources naturelles Canada. « Le défi d'une tonne. Êtes-vous capable de le relever ? », en ligne : [http://www.nrcan.gc.ca/media/articles/2004/2004art02_f.htm] (16 novembre 2007).

27. Stéphane Pilon (2007). « La piscine écologique », *La vie en vert*, Télé-Québec, en ligne : [http://www.telequebec.tv/sites/vert/archives/reportage_fr.asp?reportageID=33& url=listeChroniquesEpisode_fr.asp%3FepisodeID%3D3 8] (8 septembre 2007).

28. Hydro-Québec. « Minuteries pour piscines », en ligne : [http://www.hydroquebec.com/residentiel/minuterie/inde x.html] (8 septembre 2007).

29. Cécile Gladel. 2007. *L'Écolo écono*, Montréal, Les Intouchables, p. 144.

30. Environnement Canada. « Les 3R-V. Réduire, Réemployer, Recycler, Valoriser », en ligne : [http://www.atl.ec.gc.ca/udo/reuse_f.html] (9 décembre 2007).

31. Stéphane Pilon. « Foyers d'agrément et chauffage d'appoint », *La vie en vert*, Télé-Québec, en ligne : [http://www.lavieenvert.tv/cettesemaine/reportage_fr.asp] (9 décembre 2007).

32. Ministère de l'Environnement de l'Ontario. « Foyer et poêle à bois », en ligne : [http://www.ene.gov.on.ca/fr/myenvironment/home/fireplace.php] (9 décembre 2007).

33. Les informations de cette section sont tirées de : [www.ecoleds.com].

34. Conseil canadien de la sécurité. 2003. « Les échaudures dues à l'eau du robinet » en ligne : [http://www.safety-council.org/CCS/sujet/chezsoi/robinet.html] (29 septembre 2007).

35. Bien que certains pays aient adopté des codes recommandant que les chauffe-eau soient réglés à une température de 49 °C, l'Institut de la santé publique du Québec et Hydro-Québec émettent des mises en garde à ce sujet en raison des risques potentiels de contamination à la légionellose, une maladie causée par la bactérie *Legionella* qui peut proliférer dans le réservoir si la température n'est pas assez élevée. Voir INSPQ. 2001. « Prévention de la légionellose et des brûlures en relation avec la température des chauffe-eau électriques domestiques », en ligne : [http://www.inspq.qc.ca/pdf/publications/032_Preventio nLegionelloseBrulures.pdf] (29 septembre 2007).

36. Gouvernement du Canada. « Votre guide pour relever le défi d'une tonne », en ligne : [http://dsp-psd.tpsgc.gc.ca/Collection/M144-27-2003F.pdf] (16 novembre 2007).

37. Environnement Canada. « Devenez un conducteur vert », en ligne : [http://www.ec.gc.ca/eco/wycd/road2_f.html] (26 juillet 2007).

38. *Idem.*

39. *La vie en vert.* 2006. « Le transport – Couper le moteur à l'arrêt », Télé-Québec, en ligne : [http://www.telequebec.tv/sites/vert/defi/details_fr.asp?id=11] (29 septembre 2007).

40. Environnement Canada. « Les 3R-V. Réduire, Réemployer, Recycler, Valoriser », en ligne : [http://www.atl.ec.gc.ca/udo/reuse_f.html] (5 juillet 2007)

41. Daniel Imhoff. 2005. *Paper or Plastic. Searching for Solutions to an Overpackaged World*, San Francisco, Sierra Club Books, p. v.

42. Pascale Tremblay. 2006. « La styromousse », *La vie en vert*, Télé-Québec en ligne : [http://www.telequebec.tv/sites/vert/archives/reportage_fr.asp?reportageID=32&url=listeChroniques_fr.asp%3FtypeChronique%3Dreportage] (8 décembre 2007).

43. Télé-Québec, « Ce qui ne va pas au bac », *La vie en vert*, en ligne : [http://www.telequebec.tv/sites/vert/archives/ecoconseils_fr.asp?eco_conseilID=80&url=listeChroniques%5Ffr%2Easp%3FtypeChronique%3Deco%5Fconseil] (6 août 2007).

44. Office québécois de la langue française (OLF). « Vrac », en ligne : [http://w3.granddictionnaire.com/BTML/FRA/r_Motclef/index800_1.asp] (28 octobre 2007).

45. Jacinthe Tremblay. « Écolo… pourvu qu'on l'utilise ! », *La Presse*, cahier À vos affaires, 18 novembre 2007, p. 4.

46. Éco Contribution. « Pétition appuyant le Projet de loi 390 », en ligne : [http://www.ecocontribution.com/Petitions/390/PetitionFR-390.htm] (28 octobre 2007).

47. MAPAQ. « Les fruits et légumes du Québec : À volonté ! », en ligne : [http://www.mapaq.gouv.qc.ca/NR/rdonlyres/81E90682-D35C-42EF-B9E0-19763B138852/0/FruitsetlegumesauQuebec_depliantCQIASA.pdf] (27 septembre 2007).

48. Équiterre. « Le guide des consomm'acteurs », en ligne : [http://www.equiterre.org/outils/consommer/guideConsommacteurs2.php#consommer2] (27 septembre 2007).

49. California Department of Conservation. 2003. « Report : Surge in bottled Water Popularity Threatens Environment », en ligne : [http://www.consrv.ca.gov/index/

news/2003%20News%20Releases/NR2003-13_Water_
Bottle_Crisis.htm] (29 septembre 2007) ; P.W. McRandle.
2004. « Consider Its Lifecycle : Bottled Water », *National
Geographic : The Green Guide*, en ligne : [http://www.
thegreenguide.com/doc/101/mos] (29 septembre 2007).

50. Emily Arnold et Janet Larsen. « Bottled Water : Pouring
Resources Down the Drain », Earth Policy Institute en
ligne : [http://www.earth-policy.org/Updates/2006/Update
51.htm] (29 septembre 2007).

51. P.W. McRandle. 2004. « Consider Its Lifecycle : Bottled
Water », *National Geographic : The Green Guide*, en
ligne : [http://www.thegreenguide.com/doc/101/mos] (29
septembre 2007).

52. Cette section se base sur les données présentées dans le
Guide canadien des poissons et fruits de mer. Sustainable
Seafood Canada. « Guide canadien des poissons et fruits
de mer », seachoice.org, en ligne : [http://www.seachoice.
org/files/asset/file/54/SeaChoice_Alertcard_French.pdf]
(28 octobre 2007).

53. Santé Canada. 2006 [2004]. « Médicaments, comment
s'en défaire », en ligne : [http://www.hc-sc.gc.ca/iyh-vsv/
med/disposal-defaire_f.html] (12 octobre 2007).

Épilogue

Au moment de mettre le livre sous presse, il m'est extrêmement difficile de lâcher prise et de cesser d'ajouter des trucs ou de compléter l'information que le guide renferme. Devenir une famille verte est en effet un processus continu qui appelle sans cesse à des transformations.

Je l'ai déjà dit : ce livre n'avait pas la prétention de couvrir tous les aspects de la vie familiale ni de contenir l'ensemble des gestes écologiques que nous pouvons poser au quotidien. J'espère toutefois qu'il vous aura apporté matière à réflexion et qu'il vous aura insufflé l'enthousiasme et la détermination nécessaires pour mener à bien quelques révolutions écologiques au sein de votre famille. Être vert, dans le fond, ce n'est pas si difficile – ma propre famille y parvient sans que personne s'en porte plus mal !

Si vous souhaitez me faire part de vos commentaires au sujet de ce guide et partager vos propres trucs pour vivre en vert, je serai heureuse de les recevoir par courriel à l'adresse suivante : viviannemoreau@hotmail.com. Qui sait ? Peut-être que votre contribution viendra bonifier une prochaine édition de *Devenir une famille verte* ?

Remerciements

J'aimerais remercier tout d'abord mes parents, qui les premiers m'ont enseigné les vertus du recyclage, du compostage et du gros bon sens. Merci, maman, d'avoir appuyé l'achat de mes premières couches en coton ; merci, papa, de redonner vie à nos vieux appareils lorsqu'ils ne fonctionnent plus. Vous êtes une source d'inspiration.

Ce livre n'aurait pu voir le jour si ce n'avait été de mon conjoint, qui m'a toujours écoutée et encouragée. Merci, Daniel, de partager ma passion pour l'environnement et de tolérer toutes mes initiatives (même les moins populaires). Merci pour tes cadeaux inusités (un vermicomposteur à Noël, un récupérateur d'eau de pluie pour ma fête) qui me montrent que tu me soutiens et m'appuies.

J'aimerais aussi remercier Marie-Josée, de la boutique Pour une planète verte, à Chambly, qui m'a grandement inspirée par sa détermination. Enfin, j'ai la chance d'être entourée d'amis hors du commun qui m'ont permis de nourrir ma réflexion. Merci, Véronique et Xavier, pour votre amitié inestimable, ainsi que pour les photos et les trucs partagés. Merci aussi à Ève, pour ton idée des lingettes. Merci à Reiko et Patrick, pour la belle photo de Léo.

Enfin, merci à mes deux enfants, Marius et Quentin, les deux principales raisons qui m'ont poussée à écrire ce livre.

Alimentation

Alternative Bio, pour s'abonner à un panier de légumes biologiques.
✦ www.alternativebio.com

Avril, un magasin d'alimentation biologique qui compte plusieurs succursales.
✦ www.paniersante.com

Écocert, un programme de certification des aliments biologiques canadiens.
✦ www.ecocertcanada.com

Équiterre, pour en apprendre davantage sur la citoyenneté responsable, les produits équitables ou l'agriculture soutenue par la communauté.
✦ www.equiterre.org

Tau, un marché d'alimentation et de produits naturels et biologiques.
✦ www.marchestau.com

Québec bio, pour trouver des renseignements sur l'agriculture biologique au Québec et une liste des fermes biologiques dans notre région.
✦ www.quebecbio.com

Québec vrai, pour se renseigner sur la certification des produits biologiques locaux du Québec.
✦ www.quebecvrai.org

Sea Choice, pour en apprendre davantage sur les choix écologiques en matière de fruits de mer.
✦ www.seachoice.org

Enjeux environnementaux

Écocentres, pour se débarrasser de nos vieux objets et des résidus domestiques dangereus (RDD) de façon sécuritaire et écologique.
✦ http://ville.montreal.qc.ca

Écologo, le site du programme de certification environnementale.
✦ www.ecologo.org

Environnement Canada.
✦ www.ec.gc.ca

Équiterre, pour en apprendre davantage sur la citoyenneté responsable, les produits équitables ou l'agriculture soutenue par la communauté.
✦ www.equiterre.org

Fondation de David Suzuki, site entièrement consacré à l'environnement.
✦ www.davidsuzuki.org

Forest Stewardship Council, pour en apprendre davantage sur le programme de certification des produits provenant de forêts aménagées de manière durable.
✦ www.fsccanada.org

Gaïa Presse, pour connaître les dernières nouvelles en matière d'environnement.
✦ www.gaiapresse.ca

Greenpeace, où l'on trouve de l'information sur les changements climatiques et la protection des forêts, des cours d'eau.
✦ www.greenpeace.org

La vie en vert, une émission présentée à Télé-Québec, où l'on trouve une foule de trucs et de défis.
✦ http://vieenvert.telequebec.tv

Ministère du Développement durable, de l'Environnement et des Parcs du Québec.
✦ www.menv.gouv.qc.ca

Protégez-vous, le site du magazine qui traite de consommation responsable.
✦ www.protegez-vous.ca

Recyc-Québec, pour se renseigner sur le recyclage.
✦ www.recyc-quebec.gouv.qc.ca

Sierra Club, pour en apprendre davantage sur les enjeux environnementaux et la conservation de l'énergie.
✦ www.sierraclub.org

TransFair, pour obtenir des renseignements sur le commerce équitable au Canada.
✦ http://transfair.ca

Water Footprint, pour calculer notre consommation d'eau virtuelle.
✦ www.waterfootprint.org

Consommation

Alter-éco, pour dénicher un récupérateur d'eau de pluie.
✦ www.alter-eco.com

Association canadienne du marketing, pour s'inscrire au service d'interruption de sollicitation de publicités par la poste et par télécopieur.

✦   www.the-cma.org/french

Blue Planet Smart, pour des composteurs efficaces et agréables.

✦   www.blueplanetsmart.net

Cadosphère, une cyberboutique d'idées-cadeaux écologiques et fabriqués localement.

✦   www.cadosphere.ca

Cascade, pour en apprendre davantage sur leur gamme de produits recyclés (papier hygiénique, essuie-tout, etc.).

✦   www.cascades.com

Coop La Maison Verte, pour toutes sortes de produits écologiques, dont le fameux Tankee Clipper.

✦   www.cooplamaisonverte.com

eBay, pour dénicher toutes sortes d'objets usagés ayant à peine servis, tels des biberons, des jouets, des appareils, etc.

✦   www.ebay.ca

Eco-Logic, pour du bois de chauffage écologique.

✦   www.eco-logic.ca

Energy Star, pour trouver des appareils et des électro-ménagers moins énergivores.

✦   http://oee.nrcan.gc.ca/energystar

Éthiquette, un site consacré à la consommation responsable.

✦   www.ethiquette.ca

Hydro-Québec.

✦   www.hydroquebec.com

ICRIQ, pour repérer des fabricants québécois de produits manufacturés ou de biens de consommation.
+ www.icriq.com

Kijiji, pour des petites annonces classées par région, qui nous permettront de dénicher toutes sortes d'objets usagés, comme des couches de coton ou des patins de hockey ayant à peine servi.
+ http://quebec.kijiji.ca

LED Lights, pour dénicher des ampoules DEL pour vos lampes.
+ www.ledlights.ca

Lemieux, pour des produits nettoyants biodégradables en vrac.
+ www.nettoyants-ecolo-lemieux.com

Postel, pour s'inscrire à des modes de paiement des factures en ligne.
+ www.epost.ca

Pour une Planète Verte, une boutique écologique où l'on peut dénicher la plupart des produits dont il est question dans ce guide.
+ www.pouruneplaneteverte.com

Pousse-menu, pour trouver un vermicomposteur.
+ www.pousse-menu.com

Publisac, pour consulter les circulaires en ligne.
+ www.publisac.ca

Pure Fun, pour se procurer des bonbons équitables.
+ www.purefun.ca

Recycled.ca, pour dénicher toutes sortes d'objets fabriqués au Canada à partir de matériel recyclé, dont des cartes à jouer, des sous-verres et autres articles promotionnels.
+ www.recycled.ca

Recycled Greeting Cards, pour envoyer des cartes de vœux fabriquées à partir de fibres recyclées de postconsommation à 100 %. Voir notamment leurs cartes de vœux pour enfants, qu'on peut colorier.

✦ www.recycledgreetingcards.com

Robotshop, pour des jouets qui fonctionnent à l'énergie solaire.

✦ www.robotshop.ca

Sierra Eco, pour trouver des fleurs et des fleuristes écologiques.

✦ www.sierraeco.com

Super Bright Leds, pour des ampoules LED qui fonctionnent dans nos lampes.

✦ www.superbrightleds.com

Vert tendre, pour des cartes de vœux électroniques.

✦ www.vertendre.com

Vivre sans plastique, pour trouver des solutions de rechange intéressantes aux objets de plastique (dont les biberons et les gamelles pour enfants).

✦ www.vivresansplastique.com

Couches et produits de soins corporels

Bébé d'amour, pour des couches de coton écologique fabriquées au Québec.

✦ www.bebedamour.ca

bumGenius, pour des couches de coton avec revête-ment antifuites ainsi que des couches ou des débar-bouillettes en bambou.

✦ www.bumgenius.com

Bummis, pour des couvre-couches et des couches en coton ou en bambou.

✦ www.bummis.com

DivaCup, pour des coupes menstruelles écologiques.
✦ www.divacup.com

Druide, pour des produits de soins corporels biologiques.
✦ www.druide.ca

Fuzzi Bunz, pour des couches de coton tout en un.
✦ www.fuzzibunz.com

Green Beaver, pour des produits de soins corporels biologiques.
✦ www.greenbeaver.com

Kushies, pour des couches tout en un ainsi que toutes sortes d'accessoires pour langer bébé.
✦ www.kushies.com

Mère Hélène, pour des couches et des serviettes hygiéniques en coton, fabriquées au Québec.
✦ www.merehelene.com

Moltex, pour des couches en papier biodégradables.
✦ www.moltex.de

Pour une Planète Verte, une boutique écologique où l'on trouve tout le nécessaire pour langer bébé ainsi qu'une vaste gamme de produits de soins corporels équitables et biologiques.
✦ www.pouruneplaneteverte.com

Savonnerie des Diligences, pour des savons biodégradables.
✦ www.savonneriediligences.ca

Souris verte, pour des produits corporels biologiques pour bébé qui sont fabriqués localement.
✦ www.sourisverte.ca

Éducation

Coop La Maison Verte, pour des fournitures scolaires écologiques.
+ www.cooplamaisonverte.com

Eco^2, pour des fournitures de bureau écologiques.
+ www.eco2.ca

Eco Kids, pour s'inspirer des gestes écologiques posés dans les écoles du Canada.
+ www.ecokids.ca

Enjeu.qc.ca, pour trouver un cégep vert.
+ www.enjeu.qc.ca

Établissements verts Brundtland – Liste des écoles.
+ www.evb.csq.qc.net

Recycled.ca, pour trouver certains articles fabriqués au Canada de matériel recyclé, comme des crayons et des règles de plastique.
+ www.recycled.ca

Tourisme

Bonjour Québec! pour trouver des endroits d'auto-cueillette ou des activités écologiques à faire près de chez nous.
+ www.bonjourquebec.com

Camp Green Canada, pour trouver des produits et des terrains de camping écolos.
+ www.campgreencanada.ca

Environmentally Friendly Hotels, pour trouver un établissement hôtelier vert aux États-Unis.
+ www.environmentallyfriendlyhotels.com

Green Hotels, pour trouver un établissement hôtelier vert aux États-Unis.
✦   www.greenhotels.com

Planetair, pour calculer et compenser nos émissions de gaz à effet de serre lorsque l'on voyage.
✦   http://planetair.ca/index.php?sel_lang=french

Réser-Vert, pour trouver un établissement hôtelier vert au Québec.
✦   www.reservert.com

Vélo Québec, pour trouver une piste cyclable.
✦   www.velo.qc.ca

Index

D

E

F

G

I

J

L

M

N

O

P

R

S